国际环境法基本理论与环境资源保护

姜 琳 著

广东旅游出版社
GUANGDONG TRAVEL & TOURISM PRESS
悦读书·悦旅行·悦享人生

中国·广州

图书在版编目（CIP）数据

国际环境法基本理论与环境资源保护/姜琳著.——
广州：广东旅游出版社，2023.8

ISBN 978-7-5570-3079-7

Ⅰ.①国… Ⅱ.①姜… Ⅲ.①国际环境法学—研究
Ⅳ.① D996.9

中国国家版本馆 CIP 数据核字 (2023) 第 111057 号

国际环境法基本理论与环境资源保护
GUOJI HUANJINGFA JIBENLILUN YU HUANJING ZIYUAN BAOHU

出 版 人：刘志松
策划编辑：蔡　璇
责任编辑：贾小娇
装帧设计：刘　美
责任校对：李瑞苑
责任技编：冼志良

广东旅游出版社出版发行
(广州市荔湾区沙面北街 71 号首、二层　邮编：510130)
联系电话：020-87347732
河北浩润印刷有限公司印刷
河北省沧州市肃宁县河北乡韩村东洼开发区 188 号
787 毫米 ×1092 毫米 16 开 12.5 印张 200 千字
2023 年 8 月第 1 版 2023 年 8 月第 1 次印刷
定价：58.00 元

前 言
preface

人与自然的关系是我们生存发展的永恒主题。随着工业化、城市化、贸易全球化和科学技术的发展，环境污染、生态破坏和资源能源危机等环境生态问题已经成为当代举世瞩目的一个严重社会问题，环境资源保护作为一项新兴的伟大事业越来越受到各国政府和民众的关注与重视。自然环境和资源是人类生存和发展的基础，保护环境资源需要法律制度予以保障。当前的中国环境保护法制建设取得了巨大成绩，中国特色社会主义环境保护法律体系基本形成，环境法治理念不断更新，环境法基本原则与主要制度得以确立，环境监督管理体制日益健全，环境标准体系逐步成型。

自党的十八大报告提出"构建人类命运共同体理念"以来，我们应更意识到生态环境是全人类共同关注的问题，同时这也是中国在国际环境保护中的角色转变。在全球化的进程中，环境问题不仅对发展中国家和落后地区产生影响，而且深深影响着发达国家，在环境危机面前任何国家和地区都难以独善其身。一个国家在进行国内环境治理的同时，也是在促进全球环境治理的发展，国内治理和国际治理是共融互动的关系，而国际环境法治即以国际环境法为基础构建国际环境秩序应对国际环境问题。从当前的国际环境发展状况看，国际环境目标与国际环境现实之间存在着巨大落差，国际环境目标与国际环境现实之间存在着巨大落差，在国际环境领域各种人为原因造成的污染和破坏而产生的冲突和纠纷，也不断发生。因此，国际环境法与资源保护，需要得到足够的重视。

本书是对国际环境法基本理论与环境资源保护的论述，从环境资源法学的特点出发，全面、系统地阐明环境资源法的基本理念、特点、原则、制度等基础知识和方法，注意对学生运用环境资源法学的基本理论解决实际问题能力的培养，以保障学生通过对本书的学习能对环境资源法律和环境资源法学有一个全面而清晰的认识。第一章为导论，综述环境与国际环境问题，还有自然环境资源、国际环境资源问题与环境保护；第二章和第三章分别为国际环境法、国际环境资源法基本原理，第四章是环境法与资源保护的实践内容，还论述了中国的环境法制进程，以及承担的责任与实践。

在本书的撰写过程中，除了参考相关的文献资料，还得到了许多专家学者的帮助指导，在此表示真诚的感谢。本书尽量做到内容系统全面，力求实证分析的翔实，因作者水平有限，书中仍难免有疏漏之处，希望同行学者和广大读者予以批评指正，以求进一步完善。

作者

2021 年 12 月

目 录
. . . .
contents

第一章 导论

环境和人类生活息息相关，我们对环境和环境问题要有深刻的认知，在环境资源问题及其保护方面也要有足够清醒的态度，本章是从概念的角度综合论述与环境相关的基本内容。

第一节 环境与国际环境问题

一、环境问题

环境问题是指由于自然因素或人类活动而引起的环境质量下降或者生态失衡，对人类的社会经济发展、身体健康以至生命安全及其他生物产生有害影响的现象。

根据引发原因的不同，环境科学将环境问题分为原生环境问题和次生环境问题两大类。原生环境问题又称第一环境问题，它是因自然因素如山崩、海啸、飓风、地裂、"厄尔尼诺"和"拉尼娜"①等所引发的自然界的异常变化，如全球气候变

①厄尔尼诺现象是指太平洋的东海岸、靠近赤道附近洋面上出现的大范围洋流增暖，由此影响全球气候，造成气候异常变化的一种现象。拉尼娜现象则是上述洋流异常偏低所造成的对全球气候的影响，影响强度较厄尔尼诺现象要小。

化、环境质量恶化甚至生态系统遭彻底破坏等现象。原生环境问题的危害后果往往难以估量，人类也难以控制，人类只能通过科学预报、预防手段来减少或者避免其对人类的危害。因此，世界各国通过"防灾减灾法"确立了一定的预警机制、应急机制、救助机制、灾后重建机制等来应对原生环境问题，有学者认为这是"社会法的重要内容"。①次生环境问题又称第二环境问题，它是因人为活动引起的环境污染和环境破坏现象，是人类违背自然生态规律、不合理开发利用环境的结果。次生环境问题可以通过对人类活动产生的环境影响进行评估和预测，并建立环境风险预防法律制度、污染防治法律制度、生态保护法律制度、环境法律责任制度等来对人类不利于环境的行为进行控制，进而使问题得以解决，这些就形成了"环境资源法"。

目前，人类活动无处不在，其对环境的影响既有广度又有深度。与原生环境问题发生频率低、分布范围小、对地球整体生态系统影响不大相比，由人类活动所造成的次生环境问题数量多、分布范围广、对生态系统的负面影响严重。因此，无论国内、国际环境资源法着重控制和解决的都是次生环境问题。然而，由于人类活动范围的不断扩张，自然力和人力相互作用和相互交织，在很多情况下，许多由自然原因所引发的原生环境问题与人类对自然的破坏密切相关，如水灾与人类对植被的破坏有着直接的关系。环境问题的产生，是自然原因和人为原因相互交织的结果，原生环境问题和次生环境问题往往无法截然分开。这就要求我们在解决环境问题，进行环境立法时应对"防灾减灾法""污染防治法""生态保护法""自然资源法"等统筹考虑，能使之相互渗透，并逐渐实现一体化。

根据表现形式和危害后果的不同，人类活动所引发的次生环境问题通常被分为环境破坏和环境污染两大类。

环境破坏是指人类不合理地开发利用自然资源或者自然环境的某个要素，过量地向环境索取物质和能量，破坏或者降低了环境效能，导致了生态失衡、资源枯竭，危害了人类和其他生物生存和发展的现象。环境破坏的原因是人类无限度地开发、利用自然资源，破坏了自然界的再生增殖能力和平衡能力，其表现为不

---

①吕忠梅.环境法原理 [M].上海：复旦大学出版社，2007.

合理地砍伐森林、开垦荒地、过量放牧、掠夺性捕捞、乱猎滥采野生动植物、过量用水、不合理地灌溉、滥采矿藏、不恰当地种植、人口增长过快和都市化建设等所引起的水土流失、土地沙化和盐渍化、耕地和森林锐减、矿产资源遭到破坏、物种灭绝、水资源枯竭、地面塌陷等生态失调、气候恶化现象。环境破坏包括对生活环境的破坏和对生态环境的破坏，但主要是对生态环境的破坏，因此又将环境破坏称为生态破坏。

环境污染是指人类在生产、生活中向环境中排入了超过环境自净能力的物质和能量，从而使环境的物理、化学、生物学性质发生变化，引起环境质量下降而产生不利于人类及其他生物正常生存和发展的现象。环境污染的原因是人类对环境与自然资源的不合理利用而导致一定的物质或者能量变为废水、废气、废渣等"废物"进入大气、水、土壤等环境要素中，超过了环境的自净能力，扰乱了生态系统的良性循环而形成的大气污染、水污染、土壤污染、噪声、振动、恶臭、热污染、光污染、放射性污染、电磁波辐射污染等。现代工业的发展史实质上是一部环境污染史，20 世纪 50 年代出现的震惊世界的"八大公害事件"，[①]再加上20 世纪 80 年代发生的印度博帕尔农药泄漏事件、苏联切尔诺贝利核电站核泄漏事件等，被合称为"十大严重公害事件"，都属于环境污染。

就环境污染和环境破坏的关系而言，二者都是人类不合理开发、利用环境的结果，一方面人类过多地从自然界索取物质和能量，超过自然界的再生增殖能力和平衡能力，造成了环境破坏；另一方面人类将从环境中过量索取的物质和能量，变成"废物"排放到环境中，超过了环境的自净能力，形成了环境污染。这说明二者互为因果，环境破坏降低了环境的自净能力、加剧了现代社会的环境污染问题，而环境污染导致了水资源短缺、地力下降、生物多样性锐减等，破坏了生态平衡。所以，国内或国际环境资源法在解决环境问题时必须考虑到环境污染和环境破坏之间的相互关联性。同时，对环境问题所进行的分类研究决定了国内或国际环境资源法学的理论体系和立法的趋势及体系建构问题。

---

① "八大公害事件"包括：比利时马斯河谷烟雾事件、美国洛杉矶光化学烟雾事件、美国多诺拉烟雾事件、英国伦敦烟雾事件、日本熊本水俣病事件、日本四日市哮喘病事件、日本爱知米糠油事件、日本富山骨痛病事件。

二、国际环境问题

环境问题是随着人类文明的演化而产生和发展变迁，并在这种变迁中由局部走向全局，由部分扩展到地球的各个角落。人类社会先后经历了采猎文明、农牧文明、工业文明，目前正处于由工业文明向新的文明过渡的阶段，这被后现代主义学者称为后工业文明。采猎文明阶段的环境问题主要是局部的环境破坏问题，多表现在滥采、滥捕造成的局部地区动植物减少和因用火不慎而烧毁大片森林和草原的现象。农牧文明阶段的环境问题主要表现为盲目扩大耕地而砍伐森林、毁坏草原引起农业环境的破坏，出现森林减少、物种减少、土地沙化、水土流失等环境问题。采猎文明和农牧文明阶段的环境问题都是局部的环境问题，环境问题的国际化肇始于工业文明时期。

18 世纪开始的产业革命，以纺织机械的革新为起点，以蒸汽机的广泛使用为标志，成就了人类社会的工业文明，使得人类社会的生产力得到了空前的发展，人类改造自然的能力也得以增强。19 世纪 30 年代以后，电机的发明，电力的广泛使用，汽车飞机的出现，使人类真正进入了现代化阶段。人类对自然的开发和利用达到了空前的程度，采掘业、采伐业、采矿业大规模地发展起来，人类活动更加深入、更大规模地改变了地球的自然环境。19 世纪以煤和电石为原料的煤化学工业的产生和发展，20 世纪初至 20 世纪 40 年代的石油化学工业的产生和发展[1]，使大量的化学物质替代了天然物质，从而扩大了自然生态系统和人类社会系统之间的物质和能量交换。这正如《人类环境宣言》在序言中指出的那样："生存在地球上的人类，在漫长和曲折的进化过程中，已经达到了这样一个阶段，即由于科学技术发展的迅速加快，人类获得了以无数方法和在空前的规模上改造其环境的能力。"

现代环境问题是从产业革命开始的，到 20 世纪 50 年代达到了严重的程度，成为严重的社会问题，引起了世人的关注。产业革命一方面给人类社会带来了巨大的社会生产力，使人类社会进入工业化的新时代，另一方面产业革命消耗

---

①贾峎，李建会. 全球环境变化——人类面临的共同挑战. 武汉：湖北教育出版社，1998.

大量的自然资源、能源，致使废弃物急剧增加，改变了环境的结构和功能，使环境发生了质的变化，给人类带来了严重的环境问题。这一阶段的环境问题主要表现为：

（一）大规模的环境污染

工厂和蒸汽机燃煤产生的煤尘和二氧化硫污染大气，矿冶、制碱等工业的大规模发展导致水质受到严重污染。从 20 世纪 20 年代到 20 世纪 40 年代，除燃煤造成的污染外，环境还受到石油工业和石油产品、化学工业及农药、化肥带来的污染，光化学烟雾就是这一时期污染的突出表现。

20 世纪 50 年代，是工业发达国家环境污染恶化的时期，出现了著名的"八大污染事件"。这一时期的环境危机和公民的反公害运动迫使工业发达国家采取法律、行政、技术等多种手段防治环境污染、保护环境。特别是 1972 年人类环境会议以后，世界各国都将环境保护提到了国家管理的议事日程上，环境状况有所好转，但环境问题依然存在。

20 世纪 80 年代后，环境污染朝着突发性、难以防范、污染范围大、危害严重的特点发展。1984 年 12 月 23 日印度博帕尔市美国联合碳化物公司的一家化工厂毒气泄漏，导致 4000 人死亡、40 万人受伤，是人类历史上最严重的一次有毒化学品污染事故。1989 年，苏联的切尔诺贝利核电站四号反应堆发生爆炸，导致近千人死亡，上万人受到核辐射。

（二）大规模的环境破坏

现代化大工业的进程不断加快，促使采掘业、采伐业和捕捞业三大产业快速发展，产业的不断发展需要大量的资源和能源，导致地球上的各类自然资源锐减，自然环境遭到了严重的破坏，自然灾害不断增加。环境问题在发展中经历了地域环境问题时期和国际环境问题时期，目前处于全球环境问题时期。

全球性环境问题主要表现为：

1. 全球性大气环境问题。

酸雨被称为"空中死神"，它能引起湖泊酸化、土壤酸化、森林被毁，造成巨大的经济损失；臭氧空洞的出现和扩大严重地影响着地球生命的保护层；温室气体和全球变暖是大气污染引起地球生态系统重大变化的又一表现，随之而来的是干旱、洪涝灾害及饥荒与贫穷。

2. 世界上的水体污染和淡水危机问题

世界许多地方缺乏淡水，水的污染也加剧了水资源供给的紧张状态。在经济合作与发展组织（OECD）的 21 个国家中，只有一半多一点的人口产生的污水经过处理。海洋成了人类活动产生的废弃物的垃圾桶，石油污染使海洋生物锐减，海洋生态环境受到破坏，如 2010 年发生的美国墨西哥湾石油泄漏事件等，各类海洋石油污染事件频发。

3. 土地沙漠化严重

沙漠化是指干旱、半干旱地区生态平衡遭到破坏，而使绿色原野变成类似沙漠的景观。现代沙漠化威胁着陆地三分之一的表面，面积达到 4500 万平方公里。联合国环境规划署统计，全球每年有 600 万公顷耕地变为沙漠，平均每分钟有 10 公顷耕地被沙漠吞噬。除了土地沙漠化之外，土地资源状况也在不断恶化，土壤的盐碱化和土壤侵蚀问题日益严重。

4. 生物资源危机

生物资源危机的主要表现一是森林面积的减少。地球陆地面积约为 130 亿公顷，大约一万年前，地球上有 62 亿公顷的森林；1960 年，森林覆盖率约为 40 亿公顷；现在约为 28 亿公顷。二是热带雨林的消失日益严重。比如，亚马逊地区面积约为 700 万平方公里，跨巴西、秘鲁、哥伦比亚、委内瑞拉、玻利维亚、厄瓜多尔、苏里南和圭亚那 8 个南美国家，其森林面积达 500 万平方公里，占世界热带雨林总面积的 1/3。然而，该地区每年约有 89 万公顷的热带雨林遭到采伐，雨林面积日益减少。三是物种及栖息地的减少。科学家估计，现在地球每天至少有 50 种植物和动物灭绝。因地球热带雨林遭到砍伐、烧毁，导致当地昆虫、植物和动物绝迹。1990 年在西班牙首都马德里举行的生物问题讨论会上，科学家警告，在今后不长时间内，世界上将有 5000 种动物灭绝。据联合国环境规划署预计，在未来 20 年内，将有 50~100 万种生物被灭绝。除此之外，草原资源、海洋生物资源也将锐减。另外，空间污染问题已成为新的全球性环境问题，其主要表现在空间垃圾问题和对地球以外星体的开发利用问题上。

第二节　国际环境资源问题与环境保护

一、自然环境资源

（一）人类与自然环境

揭示人类同自然环境之间的相互关系及其发展变化的规律，是科学研究的基本任务。这一任务需要持续不断地进行。关于人类同自然环境之间的关系，可以作出两个方面的最基本概括。第一，人类是自然环境的产物，依赖于自然环境而生存和发展。第二，人类又是自然环境的改造者，通过社会生产活动来利用和改造自然环境，主观上追求使其更适合人类的生存和发展。

一般动物完全被动地依赖和适应自然环境而生存。然而，人类不同。在人类社会出现以后，自然界就进入了在人类干预、改造下发展的新阶段。因为人类能够通过劳动、通过社会性的生产活动，使用自己不断发展的科学技术手段，有目的、有计划、大规模地改造自然环境，使其更适合人类的生存和发展。现在已经很难找到完全的原生自然环境了。除了某些原始森林、人迹罕至的荒漠、冰川地区外，地球表面的绝大部分都经过了人类的加工和改造，自然环境面貌发生了极大改变，反映了人类不断提高的利用、改造自然环境的能力和水平。

在人类依赖自然环境生存以及在人类改造自然环境的过程中，存在着自然环境系统互相作用、相互制约的这样一种十分复杂的关系。在这种关系中，体现着社会经济规律和自然生态规律两种规律之间的交织、融合，而且不以人的意志为转移地发挥作用。

（二）自然环境与生态系统

毫无疑问，既可以将整个地球作为一个自然环境来对待，也可以将地球作为一个生态系统来对待。就自然环境的视角来讲，地球自然环境由许多环境要素构成。

从生态系统的角度来说，地球生态系统内部存在着千千万万个大大小小的子生态系统。然而，生态系统有脆弱的，也有健康的，而且并非所有的生态系统都需要得到维持和保护；沙漠生态系统就是一例在原则上不需要得到维持和保护的生态系统。相应地，并非所有的环境和环境要素都是需要得到保护的。现代，人类保护环境的核心是要保护健康的生态系统，改善脆弱的生态系统而使之更加健康和稳定。因此，就自然环境和生态系统之间的关系而言，生态系统是自然环境的核心，而健康的生态系统则是其中的关键。

（三）自然环境与自然资源

很多自然资源具有两重性，它们既是自然资源，又是自然环境要素，例如，土壤、阳光、水、草原、森林、野生动植物等。然而，有人认为，"从资源与环境问题的成因看，前者为因，后者为果，将二者或者并入自然资源，或者并入环境都可能带来形而上学的思考，不利于人们对这一问题的理解""主张把自然资源作为环境要素""又将环境作为自然资源，在理论上并不严谨"。

将地球环境作为一个整体看待，自然资源则是环境的要素；认识到自然资源的特殊价值和功能，则对之予以特别的处理和对待。这实际上是运用毛泽东思想中矛盾论之主要矛盾和次要矛盾、矛盾的主要方面和次要方面的理论，对整体与部分关系的辩证处理。将自然资源视为环境要素，又将环境的某些部分看作自然资源，这在理论上是科学的、适当的，并非不严谨。绝对地割裂环境问题和自然资源问题，一成不变地看待因果，才是机械唯物主义和形而上学的表现。

（四）生态系统与自然资源

生态系统本身就是一种自然资源，而其所蕴含的生态多样性，及其各个组成部分，都可以或者可能成为自然资源。也就是说，很多生态系统具有多重性，它们既是自然资源，又是自然环境要素，还是生态系统，例如，草原、森林等。

因此，生态系统和自然资源之间的关系是一种辩证的关系，整体与部分的关系；生态系统保护和自然资源保护密不可分，合理利用自然资源、保护自然环境、维护生态平衡都是保护生态系统的重要方面；生态系统保护要求把自然资源的开发利用同生态系统和自然资源的保护密切结合起来。

二、国际环境资源问题

联合国环境规划署长期追踪的全球性环境资源问题包括大气污染、全球气候变化、淡水资源危机、土地退化与森林过度砍伐、近海污染与海洋退化、生态环境退化与生物多样性丧失、有毒及有害废物的越境转移等诸多领域。上述各个领域又都包含了若干子问题，如大气污染领域包括了烟雾、大气中的铅、酸沉降、臭氧损耗等子问题；而某几个领域又可能同属于一个大的问题范畴，如淡水资源危机、生物多样性丧失、土地退化都可以归结为生态环境退化范畴。

全球环境资源问题有一些特征：

第一，全球环境资源问题具有全球性和整体性。全球环境资源问题在问题尺度方面具有"全球性"，这是其题中应有之意。气候变化、海洋污染、生态环境退化、大气污染、有害物质跨境转移这五方面环境问题均具有明显的全球规模——在"全球的各个角落"都存在着相应的现象。并且，这些问题往往高度地关联在一起——这是全球环境的整体性所决定的。

在全球海洋、大气动力的推动下，加之太阳、火山等外部力量和人类活动的作用，各种环境问题在起因和影响方面具有高度的整体性，一个诱发因素可能会因为连锁反应而引起多个后果。如森林砍伐造成径流增加，从而加速土壤侵蚀以及河流和湖泊泥沙的沉积，同时会造成生物多样性的减少和全球气候的变暖。[①]这种特征便决定了全球环境治理的整体性。

第二，全球环境资源问题具有典型的"公共性"和"跨国性"。全球环境资源问题作为"全球公共问题"的重要领域，具有典型的全球公共性和跨国性：环境问题不是某一个国家或地区的事，而是全世界共同面对的，关系到整个人类生存和可持续发展的问题；并且，环境问题的影响是跨越了人为边界设定的，也是人为的边界设定所阻挡和控制不了的。[②]这一特征决定了其治理必然依赖跨国、多层次的全球性合作。

第三，全球环境资源问题超越了既有主权国家体制下的国际体系。事实上，当代全球公共问题的普遍出现，也是人类历史上第一次面对"全球层次的共同公共问题"。而既有的人类群体生活组织形态——国家及其国际体系——却是为应

---

①庄贵阳，朱仙丽，赵行姝.全球环境与气候治理[M].杭州：浙江人民出版社，2009.

②苏长和.全球公共问题与国际合作：一种制度的分析[M].上海：上海人民出版社，2009.

对既有的那些低于全球层次的公共问题而建立的。

全球治理的基本理论认为，现有建于威斯特伐利亚体制基础之上的、以主权国家为唯一重要行为体的国际体系，是围绕着传统类型的政治和安全问题建立的。传统的政治和安全问题大都发生在"国家间政治"的层次上，而现有的全球性问题大都具有前述"全球规模、综合性、公共性和跨国性"——这便超越了既有国际关系体系。对其进行有效治理必然要求现有国际体系作出重大调整。

第四，全球环境资源问题在空间和时间上具有不平衡性。[①]在空间上，全球环境资源问题的基本现实是，同一个环境问题在世界各个地方的影响却大相径庭。例如，造成主要温室气体历史排放的发达国家，由于其较强的经济技术力量，面对全球气候变化往往具有更好的适应能力；而排放较少的贫穷国家却十分脆弱。在时间上，环境问题发展变化的时间尺度和人类生活的时间尺度并不在同一个数量级上。一代人造成的环境破坏，往往对后代人造成伤害。

第五，全球环境资源问题具有综合性和复杂性。环境问题与其他社会以及经济问题交叉、重叠，并且超越了许多传统范畴，与国家主权、外交、经贸、安全问题交织在一起。自 1972 年斯德哥尔摩全球环境会议之后的历次全球环境峰会，各国之间的利益分歧早已超越了环境及其科学认知，多种问题交织在一起；具有高度的综合性和复杂性。

三、环境资源保护

（一）环境资源保护的概念

环境保护作为一个较为明确和科学的概念是在 1972 年联合国人类环境会议上提出来的。在 20 世纪 60 年代以前，人们认为环境问题只是局部地区大气和水污染的问题，在西方发达国家产生了反污染运动。1962 年美国出版了 R. 卡逊写的《寂静的春天》一书，该书描述的农药污染造成的生态危机，震动了欧美各国。科学家们发现：在短暂的几十年内，工业的迅速发展将人类带进了一个被毒化了的环境，而环境污染造成的损害是全面的、长期的、严重的。1972 年联合国人

---

① 庄贵阳，朱仙丽，赵行姝. 全球环境与气候治理 [M]. 杭州：浙江人民出版社，2009.

类环境会议发表的《人类环境宣言》，在分析了当时的环境问题、全面阐述了人口、资源、环境和发展的关系后，提出了全球环境保护战略。人类环境会议明确指出：环境问题不是局部问题，而是全球问题；不仅是技术问题，更主要的是社会经济问题。换言之，环境保护是一项事关全局的工作，是社会经济工作的重要组成部分。从此，环境保护有了较为明确的含义，"环境保护"这一术语也被广泛地采用，环境保护工作越来越受到各国的重视。

正如环境可以作为环境资源的简称一样，环境保护也可以作为环境资源保护的简称。在现实生活中，对环境保护存在广义和狭义两种认识：广义的环境保护涵盖对环境或资源的合理开发利用和保护改善，这种"环境保护"概念与"环境工作"同义；狭义的环境保护是相对于环境的开发利用而言，即专门指保护和改善环境。《中国大百科全书·环境科学》对环境保护的解释是："采取行政的、法律的、经济的、科学技术的多方面措施，合理地利用自然资源，防止环境污染和破坏，以求保持和发展生态平衡，扩大有用自然资源的再生产，保障人类社会的发展。"这一定义显然是采用广义的环境保护概念。目前，我国对"环境保护"一词使用普遍倾向于广义的概念，即环境保护包括了环境资源的合理开发利用。

总之，环境保护是指为了协调人与自然的关系，促进人与自然的和谐共处，保证自然资源的合理开发利用，防止环境污染和生态环境破坏，保障社会经济的可持续发展而采取的行政、经济、法律、科学技术以及宣传教育等诸多措施和行动的总称。

（二）环境资源保护的内在价值取向

到目前为止，人类中心主义的价值观在现实社会仍占据主导地位，但人与自然和谐的价值观随着环境问题的日益严峻与环境宣传，已日渐深入人心。以人类中心主义为价值取向的环境观，以人统治自然为指导思想，以反自然为主要特征。它认为：自然资源是无限的，取之不尽用之不竭，因而可以不受限制和无偿地使用；自然界的自净能力是无限的，因而可以随意把废弃物排入自然界。人类在这种功利主义环境观的指导下，只要是对集团或个人有利的，便无限制地向自然索取，不顾一切地向自然界排放废弃物，导致人与自然的冲突和对立不断加剧，直至出现全球性的环境危机。今日世界诸多环境问题，是传统环境观发展的必然结果。

而人与自然和谐的环境价值观则建立在对自然规律、环境与人类关系的科学认识的基础上，它认为自然资源和环境容量是有限的，人和自然必须和平共处、和谐发展。在这种尊重自然和自然规律价值观的指导下，要求人类转变环境观念，转换社会经济发展模式。即由以牺牲环境为代价的社会经济发展模式转换到经济增长与环境保护协调发展，经济建设与环境建设同步进行，从而保证人和社会发展的持续性和稳定性的社会经济发展模式。

分析比较两种环境价值观，环境资源保护的内在价值取向只能是人与自然和谐的环境价值观，即要求人类必须在研究自然资源再生能力和环境自净能力的基础上，有限制地、合理地开发、利用自然资源，使人类和自然协调发展；必须在尊重自然规律的前提下，正确行使保护环境的权利，切实履行保护环境的义务；必须正确处理好眼前利益和长远利益的关系，以长辈的责任感为子孙后代留下一份宝贵的环境遗产。

（三）环境资源保护的理性选择

面对全球性的环境问题，人们对如何处理环境与发展问题提出了种种观点。归纳起来有三种：

一是悲观论，又称原点发展论

这种观点认为：人口增长和科学技术的发展必然造成公害，"人类正走向地狱之门"，环境问题发展到最后"势必毁灭人类"，因此，必须放弃发展，实现人口和经济的"原点发展"，甚至"回到自然界"。如著名的罗马俱乐部发表的《增长的极限》一书就提出了"零增长""零排放"的理论。

二是盲目乐观论，又称盲目发展论

这种观点认为：人类在不讲环境保护的情况下已生存了几百万年，今后也仍会生存下去，"车到山前必有路"，不必为环境问题惊慌失措、杞人忧天。如美国未来研究所发表的《世界经济发展令人兴奋的 1978—2000 年》一文就认为资源能源不会产生枯竭性的危机，人类总会有办法对付未来出现的一切问题。

三是积极乐观论，又称可持续发展论

这种观点认为：人类既是环境的产物，又是环境的塑造者。现代科学技术的发展，给予了人类认识和改造环境的能力，人类只要在尊重自然规律的前提下，认识环境问题产生的根源，摆正人类在自然界中的位置，正确处理好环境保护和发展的关系，是可以达到社会、经济的可持续发展的。分析这三种观点，显然，悲观论与盲目乐观论都不符合人类发展与环境保护的现实需求，只有可持续发展论具有持久的生命力，满足人类现代发展的需求，因而成为环境资源保护的理性选择。

可持续发展的思想和概念源远流长，不论是中国还是世界各国都保持有传统的"永续利用"思想的历史。可持续发展是在环境保护的基础上发展起来的，是人类社会发展的必然选择，它涵盖了环保、生活质量、社会公平、为未来着想等多方面的内容。可持续发展是从环境与自然资源角度提出的关于人类长期发展的战略与模式，它不是一般意义所指的一个发展进程，要在时间上连续运行，不被中断，而是强调环境与自然资源的长期承载力对发展的重要性以及发展对改善生活质量的重要性。它强调的是环境与经济的协调，追求的是人与自然的和谐，其核心思想就是经济的健康发展应该建立在生态持续能力、社会公正和人民积极参与自身发展决策的基础之上。它的目标是不仅满足人类的各种需求，使人尽其才，物尽其用，地尽其利，而且还要关注各种经济活动的生态合理性，保护生态资源，不对后代人的生存和发展构成威胁。在发展指标上与传统发展模式所不同的是，不再把 GDP 作为衡量发展的唯一指标，而是用社会、经济、文化、环境、生活等各个方面的指标来衡量发展。

1. 可持续发展的概念

可持续发展的思想与传统发展思想是相对立的，是在对传统发展思想进行深刻反思基础上的一个彻底的否定。传统的发展是以高投入、高消耗作为其发展的重要手段和基本途径，以高消费、高享受作为其发展的追求目标和推动力，因而它往往片面地强调发展的经济目标，片面地强调发展的速度和发展的数量，而忽视对资源的保护和污染的防治，忽视自觉地调整人口与生态、资源与发展的合理比例。

可持续发展的最广泛的定义和核心思想是："既满足当代人的需要，又不对后代满足需要的能力构成危害"（《我们共同的未来》），"人类应享有以与自然相和谐的方式过健康而富有生产成果的生活的权利，并公平地满足今世后代在发展与环境方面的需要，求取发展的权利必须实现"（《里约热内卢宣言》）。由此可见，可持续发展含义的两个最基本的要点为：其一是强调人类追求健康而富有生产成果的生活权利，应当和坚持与自然相和谐方式的统一，而不应当凭借人们手中的技术和资本，采取耗竭资源、破坏生态和污染环境的方式来实现这种发展权利；其二是强调当代人在创造与追求今世发展与消费的时候，应承认并努力做到使自己的机会与后代人的机会相平等，不能允许当代人片面地、自私地为了追求今世的发展与消费，而毫不留情地剥夺了后代人本应合理享有的同等发展与消费的机会。

可持续发展在上述核心思想的指导下，还包括了以下几层含义：

（1）可持续发展特别强调的是发展，把消除贫穷作为一项不可缺少的条件。发展是人类共同和普遍的不容剥夺的权利，特别是对于发展中国家来说，发展权尤为重要。目前，发展中国家正经受着来自贫穷和生态恶化的双重压力。而贫穷是导致生态恶化的根源，生态恶化又进一步加剧了贫穷。发展不仅是解决贫穷的钥匙，也是帮助发展中国家摆脱人口、生态危机和不卫生等一系列社会问题的必要手段。

（2）可持续发展认为发展与环境保护相互联系，构成一个有机的整体。《里约宣言》强调："为了实现可持续的发展，环境保护工作应是发展进程的一个整体组成部分，不能脱离这一进程来考虑"。可持续发展把环境保护作为积极追求的最基本的目标之一，它也是区分可持续发展与传统发展的重要标志。

（3）可持续发展认为，每个人都享有正当的环境权利，即享有在发展中合理利用自然资源的权利和享有清洁、安全、舒适的环境权利。人们的环境权利和环境义务是平等、统一的，在国际事务和交往中，国家环境资源主权与环境责任也应是平等统一的。

（4）可持续发展呼吁人们放弃传统的生产方式和消费方式。一方面要求人类在生产时要尽可能地少投入多产出；另一方面又要求人类在消费时要尽可能地多利用少排放。因此，人类必须纠正过去那种单纯依靠增加投入、加大消耗来实现发展和以牺牲环境来增加产出的错误做法，从而使发展更少地依赖地球上有限的资源，更多地与地球对环境污染的承载能力达到有机的协调。

（5）可持续发展要求加快环境保护新技术的研制和普及，并提高公众的环境意识。解决环境危机的根本出路在于科学技术，因为只有大量先进生产技术的研制、应用和普及，才能使单位生产量的能耗、物耗大幅度地下降，才能不断地开拓新的能源和新的材料，才能实现少投入多产出的理想发展模式，进而减轻对环境的排污压力。

（6）可持续发展还着重强调人类必须改变对自然界功利主义的传统态度，树立起一种全新的现代文化观念。即用生态的观点重新认识人与自然的关系，把人类仅仅当作自然界大家庭中的一名普通成员，从而真正建立起人与自然界和谐相处的新观念。

2.实现可持续发展的基本途径

1992 年联合国环境与发展大会通过的《21 世纪议程》，全面描述了从当前到 21 世纪向可持续发展转变的行动蓝图。从文件内容及各国有关实施《21 世纪议程》行动方案的综合情况来看，可持续发展是一个包括了经济、社会、技术各项变革的长期动态过程，它要求世界各国根据自身的自然、经济、社会和文化的条件和特点，探求可持续发展的道路。虽然世界上不存在一种统一的、普遍适用的可持续发展模式，但从国际社会和各国所提出的可持续发展目标和战略来看，可持续发展的主要途径有：

（1）将环境保护纳入综合决策，转变传统增长模式

传统增长方式的核心是单纯追求经济产出的增长，把国民生产总值（GNP）的增长当作经济发展和社会进步的代名词。从环境与自然资源角度而言，这种增长方式忽视了经济、社会系统对环境的影响，往往以环境与自然资源的迅速消耗来加快经济产出，其中一种极端表现就是在俄罗斯等一些发展中国家所实施的"赶超战略"，用压低农产品、矿物原料和能源价格，补贴重化工业的方式，不计代价地发展起高消耗、高污染的工业体系，造成资源大量浪费和环境严重污染。另一种极端表现就是以美国为代表的大批量生产大批量消费模式，"用过即扔"，创造了人均资源消耗和废物产生量的新奇迹。

转变传统增长模式的途径主要是：修正传统的国民经济核算方法，把自然资源消耗和环境污染纳入经济核算，把经济发展战略建立在更为合理的目标和指标下；逐步取消各种使用资源的补贴，使资源价格充分反映其稀缺性、促进资源使用效率的提高；增加对污染的收费，使污染者完全补偿其污染环境的成本。

（2）变革社会观念，发展适度消费的新大众消费模式

大量物质消费和"用过即扔"的现代大众消费模式是在西方国家，特别是美国发展起来的，是传统经济增长模式的社会动力。在这种模式下，大众消费和大规模生产相互促进，大量的物质产出带动了大量的物质消费。在惊人的消费增长中，发达国家正在消耗着世界上与其人口不成比例的自然资源和物质产品，以其占世界总数 1/4 的人口消耗了世界商业能源的 80%。其中，北美洲的人均消费是印度或中国的 20 倍，以全球资源和环境承载力，不可能使世界人口都维持西方现有的消费水平。

转变消费模式，首先需要发达国家改变超出必要物质消费限度的并以越来越多的物质消费为目标的消费模式，致力于减少产品和服务对环境的不利影响，减少相应的资源、能源消耗和污染；同时，发展中国家也应选择与环境相协调的、低资源、能源消耗，高消费质量的适度消费的体系。从消费品特征来说，强调持久耐用，强调可回收，强调易于处理。

（3）开发同环境友善的技术，实现清洁生产，发展同自然相容的产业体系

从科学技术发展的历程来看，其对环境是一把"双刃剑"，既为人类提高生活水平和改善环境提供了手段，也为人类改变或破坏环境创造了条件。从技术根源讲，人类在 20 世纪所造成的全球范围的环境危害就源自工业革命后人类发明和创造的各种生产技术。发展清洁生产技术，是人类有意识引导科学技术以适应环境保护的一种尝试。

清洁生产技术的基本目标是减少乃至消除生产过程和产品与服务中对环境的有害影响。从生产过程而言，要求节约原材料和能源，尽可能不用有毒原材料，并在排放物和废物离开生产过程以前就减少它们的数量和毒性；从产品和服务而言，则要求从获取和投入原材料到最终处置报废产品的整个过程中，尽可能将对环境的影响减至最低，减少产品和服务的物质材料、能源密度，扩大可再生资源的利用，提高产品的耐用性和寿命，提高服务的质量。20 世纪 80 年代以来，发达国家均把发展这类技术作为争取国家战略优势的重要途径，以及提高在世界市场竞争力的重要手段。

（4）发展和完善环境保护法律和政策

从经济、社会体系角度而言，环境问题是市场不完整及运转失效的一种表现，

表现为一种"公害"，需要政府的干预行动。政府不论是采取直接行政控制和提供服务，还是采用间接经济手段，都要逐步建立相应的有关自然资源和环境保护的法律体系。从发达国家有关法律的发展过程来看，20世纪70年代以后，这些国家一系列环境状况指标有了很大的改善，说明各国所采用的法律制度是有效的。但环境问题依然存在，一些环境问题还没有有效的控制手段，需要继续发展和完善自然资源和环境保护法律，使之适应可持续发展的长远目标。

（5）提高全社会环境意识，建立可持续发展的新文明

公众既是消费者又是生产者，他们的日常行为在很多方面对环境有很多的影响，一旦他们产生了保护环境的要求，并采取行动积极保护自己的环境权益，就会为环境保护提供持久的动力。西方发达国家的环境保护大多是在公众环境保护运动的冲击下发展起来的。

第二章　国际环境法基本理论

国际环境法的孕育与发展，是人们对国际环境问题的认识不断深入的结果，在法律制度方面做出努力。本章是对国际环境法基本理论的认知，比较全面地介绍了国际环境法的各项基础性内容。

第一节　国际环境法概述

一、国际环境法的概念

国际环境法是指调整国际法主体在利用、保护和改善环境与资源中形成的各种国际关系的法律规范的总称。

随着工业化和城市化的加速发展与科学技术的进步，人类社会的生产活动发展到对环境的影响大规模超出国界，影响到他国或不在国家管辖之下的地区。环境问题已经成为全球问题，保护环境成为国家和社会所面临的迫切任务，这项迫切任务的解决离不开国际环境活动、国际环境外交与国际环境合作的开展。为了使国际环境问题得到解决，既要反映各方的合理要求，又要体现科学和效率的精神，必须使国际环境活动、国际环境外交与国际环境合作规范化和制度化，将其纳入国际法的轨道，依靠国际环境法来促进国际环境保护。

可见，国际环境法的产生基于国际环境法主体，尤其是国家之间因开发、利用、保护和改善环境而发生的国际交往活动，它是国际环境保护活动、环境外交和环境合作的产物，体现了国家和国际社会成员之间在开发、利用、保护和改善环境方面的协调意志。它不仅反映国际法主体之间的利益关系，还集中地反映国际环境法的主体特别是国家对待自然环境的态度，反映国际社会成员与国际环境的关系。概括地说，国际环境法是指调整国际法主体在利用、保护和改善环境与资源中形成的各种国际关系的法律规范的总称。

二、国际环境法的特征

国际环境法作为一个正在蓬勃发展的新兴法律部门，处于国际法、环境法、环境科学、环境伦理学的交叉点，既具有一般法律的属性和国际法的共同属性，又具有自身的一些特征。总的来说，国际环境法具有以下几个方面的特征：

（一）国际环境法的主体具有多元性

国家是国际环境法的制定主体和实施主体，在权利能力和行为能力方面，它是国际环境法最主要和最完全的主体。但国际环境法的主体不限于国家，还包括国际组织、争取独立的民族和交战团体，在某些情况下还包括非政府团体和个人。

（二）国际环境法具有公益性

环境污染和生态破坏是危及全人类生存和发展的全球性问题，保护环境是为了全人类的共同事业和共同福利，对此，许多国际公约都在序言和条约中做了明确规定。人们早已认识到，在全球化背景之下，任何一个人或一个国家都不可能建立起自己的环境防线。很明显，环境保护绝不是一个人、一个地区或一个国家就能够做到的，它是整个人类的共同事业。因而，通过国际合作，制定改善和保护环境的法律，就全人类而言，其显著的公益性不言而喻。有些专家明确指出："国际环境法规则属于为人类共同利益而制定的那类规则。实际上这些规则一般不会给缔约国带来直接好处。"①这就是国际环境法强调的全人类利益、共同利益或共同关心事务。

---

① [法] 亚历山大·基斯著；张若思编译. 国际环境法 [M]. 北京：法律出版社，2000.

（三）国际环境法具有边缘综合性

作为国际法的一个新领域，国际环境法是一个与许多法律组织紧密交叉的边缘性法律组织，它处于多种学科的交汇点上，融会了多种学科的知识并对多种学科产生影响，具有显著的边缘综合性。

国际环境法的边缘性首先表现在它与许多国际法组织的交叉和密切联系上，比如说海洋法和国际水法，它们的产生和发展比国际环境法早，在许多方面是国际环境法规则的源流，在内容上三者也有诸多重合之处，国际环境法、国际水法、海洋法实际是从不同的角度和侧面去合理管理、开发、利用和保护环境资源。此外，国际环境法与国际发展法和国际经济法的关系也很密切，环境问题本来就是在社会和经济发展的过程中产生的，保护环境和合理利用自然资源是经济和社会发展的前提和不可分割的组成部分，因此，国际发展法和国际经济法包含了不少关于环境保护和公平合理开发利用自然资源的内容，它们的一些基本原则也与国际环境法基本相同。国际环境法的边缘性还表现在其与国内法律组织互相渗透、交叉，包括其与民法、刑法、民事诉讼法、经济法特别是环境法的密切联系。

在法学体系外，国际环境法与环境科学、伦理学、物理学、化学、天文学、地理学、生物学和经济学等学科的关系也很密切。比如，环境科学知识是国际环境法基础知识的一部分；经济学关于经济刺激和成本——效益分析的理论被国际环境法的很多规定所采纳。

（四）国际环境法具有科学技术性

环境问题既属于经济、伦理和社会问题，还属于科学技术问题。现代国际环境法必然反映生态规律和环境保护的科学技术要求，具有很强的科技性，具体表现在：

1. 国际环境立法的前期工作依赖科学技术支持。立法的原因、目的、任务与所要达到的效果，都离不开科学的数据和精密的分析。

2. 国际环境法的具体规则中有相当一部分属于技术性法律。比如，污染物排放标准、环境影响评价标准、环境容量测定与标准、环境检测方法与鉴别方法等，这些内容本身就构成法律规则的一部分。许多环境条约的正文也是由科学数据和结论组成的。

3. 国际环境法实施的效果需要科学数据的说明。由于环境保护针对的环境问题是一个综合性、复杂的科学问题，检验法律实施的效果也必须提供详细的科学数据。如联合国《气候变化公约》和《京都议定书》所确立的二氧化碳减排标准，其实施的后果将由科学数据进行说明。这些数据不仅关系到国际环境法律规则本身存在的意义，也关系到国际立法、司法的进一步深入和实施。

三、国际环境法的渊源

国际环境法的渊源，是指国际环境法律规范的表现或存在形式，也就是说，法院或仲裁庭所适用的法律规则在形式上是如何表现出来或存在的。主要包括环境保护的国际条约、国际习惯、一般法律原则和国际宣言与决议。司法判例和著名学说为国际环境法的"辅助性渊源"。

（一）国际条约

在国际环境保护领域，条约是国际环境法最主要的渊源。所谓条约是指两个或两个以上国际法主体依据国际法确定其相互间权利和义务的一致的意思表示。国际环境条约往往牵涉到国际政治、国际经济、国内法和政策的调整以及科学确定性等复杂的问题，虽然各个条约之间存在差异，但有关环境保护的国际条约却表现出许多共同的特征。

1. 大多以框架条约的形式出现。由于国际环境条约往往不能对所调整的国际关系各方的权利和义务以及有关的环境保护措施一次性规定得全面而具体，有时只能先以"框架"公约的形式对客观存在做一些原则性的规定，将具体事项留待缔约国通过议定书和附件的形式加以规定。这种"框架"形式的好处，一是有利于各缔约国就重大原则问题达成一致，不至于因为具体问题的分歧影响在原则问题上达成一致。二是有利于条约的修订，不至于因对议定书和附件所规定的非重大原则条款进行修订而影响整个条约的效力。[①]

这样，条约的结构就形成了框架条约——议定书的模式，即各国先就环境保护的某一问题签订框架公约，作出比较原则的保护规定，然后再进一步签订议定

---

① 王曦. 国际环境法 [M]. 北京：法律出版社，1998.

书，对保护措施作出具体的规定。

2. 条约内容极其丰富，涉及环境保护的各个方面，覆盖面愈来愈广泛。

3. 条约的具体规定越来越注意保障条约义务的实施。如增强缔约国尤其是发展中国家的实施条约能力，规定资金机制和技术转让等。

4. 发展速度快并且及时修订。20 世纪 70 年代以来，几乎每年都有一些环境保护方面的国际条约签订；对已经签订的条约，还随着科学技术的发展和国际环境保护的需要适时地进行修订补充。

（二）国际习惯

国际习惯指的是那些为各国"采纳"并反复使用的具有法律拘束力的行为。国际习惯的构成因素有两个：一是属于各国重复的类似行为；二是各国普遍认为具有法律拘束力。只有具备通例的存在和通例被"接受为法律"，国际环境习惯才得以形成，才对国际社会具有拘束力。国际环境习惯是产生最早的国际环境法渊源，也是最根本的国际环境法渊源，因为国际环境习惯具有一般性和自发性，是国际环境条约得以产生的基础之一，也是国际环境条约和其他国际环境法渊源解释和适用的基础。

迄今为止，已被公认为国际环境法渊源的国际习惯主要有：

1. 各国有按自己的环境政策开发自己资源的主权，并且有责任保证在它们辖区或控制之内的活动，不致损害其他国家的或在国家管辖范围以外地区的环境。

这条规则产生于著名的特雷尔冶炼厂案，《斯德哥尔摩人类环境宣言》第 21 条原则将其表述出来，《里约热内卢环境与发展宣言》原则将其进一步确认。

2. 环境保护的国际合作义务

这一义务是指"有关保护和改善环境的国际问题应当由所有国家，不论大小，在平等的基础上本着合作的精神来加以处理，必须通过多边或双边的安排或其他合适的途径的合作，在正当地考虑所有国家主权和利益的情况下，防止、消灭或减少和有效地控制各方面的行动所造成的对环境的有害影响。"①

---

① 《斯德哥尔摩人类环境宣言》第 24 条原则。

3.通知义务

这是一项产生于国家实践的习惯原则，对于一国境内发生的可能迅速造成环境损害的一切情况或事件，该国有义务立即通知可能受影响的其他国家。

4.可持续发展原则

可持续发展原则指的是既满足当代人的需要，又不对后代人满足其需要的能力构成危害的发展。它始于 1987 年世界环境与发展委员会发表的研究报告《我们共同的未来》。该报告于同年为第 42 届联合国大会所接受。

值得注意的是，国际环境条约的规则和国际环境习惯在一定条件下是相互影响、渗透、转化或确认的。一项条约规则得到国际社会的广泛认同和长时间的遵守，就可以转化为国际习惯；很早的国际习惯虽然是不成文的，但是却可以被其他国际法文件确认。

（三）与环境保护有关的一般法律原则

在国际争端的司法解决中，有时可能会遇到条约和国际习惯都没有适当的法律规则来指导解决的具体问题，为防止出现法律上的遗漏或法律不明的情况，《国际法院规约》第 38 条第 1 款规定，适用"一般法律原则为文明各国所承认者"。明确了一般法律原则是既不同于条约和国际习惯，又不同于司法判例和国际法学说的国际法渊源。

一般法律原则既包括从现行国际法规则派生、演绎或推论出的一般国际法原则，也包括那些共存于各国国内法律制度中而又适用于国际关系的一般国内法原则，是兼含国内法一般原则和国际法一般原则的。有关国际环境保护的一般法律原则作为应急性的、补遗性的存在而构成国际环境法的一个独立的渊源。在一些国际环境纠纷的解决中，由于缺乏相关的国际条约和习惯，国际司法机构曾使用过一般法律原则进行裁判。如太平洋海豹仲裁案、特雷尔冶炼厂案、核试验案中，国际仲裁庭和国际法院就援用过善意原则。

（四）国际宣言和决议

随着国际组织在国际社会生活中作用的不断增强，重要国际组织的决议及宣言在国际环境法领域的作用日趋重要。虽然《国际法院规约》由于历史的局限性没有预见到国际组织的宣言和决议会对国际法产生深远的影响，但是 50 年来国际组织宣言及其决议的发展已使人们将其视为国际法渊源的一个重要组成部分。

有学者甚至将国际环境法的渊源分为传统的国际法渊源和新的国际法渊源两类，认为"新的法律渊源，主要是国际组织和国际会议的文件和决议。"①根据国际环境法的实践，在国际环境法中，国际宣言和决议依其效力可分两类。

1. 具有法律约束力的国际文件

这一类国际文件又包含两类，一类是国际组织依据条约做出的决定。这类法律文件的效力来源于条约，是条约约束力的体现，它们的目的往往是执行、补充或修订有关条约。另一类是相关国际组织和国际会议的决议与宣言，这些法律文件，往往获得各国一致通过或大多数国家的通过，它们创立了事实上得到各国或多数国家认可的国际环境法原则、规则和制度。实际上，国际宣言和决议是确立国际法规范的辅助手段，是一种促进国际环境法"进一步发展的潜在性规范渊源，"是国际环境法的渊源之一。

2. 不具有法律约束力的文件

这一类包括国际组织或国际会议的建议、行动计划等。如《环境行动计划》《21世纪议程》等，虽然不具有法律约束力，但这类文件往往有助于国际习惯的形成或条约的产生，对各国的行为具有一定的影响力。

（五）有关司法判例

司法判例包括国内和国际的司法判决和仲裁裁决。在国际环境法的实践中，"作为确定法律原则之补助资料"的司法判例已经成为促进国际环境法发展的一个重要因素。如特雷尔冶炼厂仲裁案确定了"一个国家始终有义务防止其他国家受在其管辖下个人的有害行为的侵害②"的原则，为后来的国际环境法重要原则的形成奠定了基础。1997年国际法院对盖巴斯科夫——拉基玛洛大坝案的判决认为"可持续发展原则是现代国际法的组成部分"③，进一步明确了可持续发展规则的法律性质。总的来说，与环境保护有关的司法判例的判决或裁决虽然是国际法院或仲裁庭对具体案件的处理意见，但它的原则、依据和方法，都孕育着国

① [法] 亚历山大·基斯著；张若思编译. 国际环境法 [M]. 北京：法律出版社，2000.

② 梁淑英. 国际法教学案例 [M]. 北京：中国政法大学出版社，1999.

③ 王曦. 国际环境法资料选编 [M]. 北京：民主与建设出版社，1999.

际环境法的原则，成为国际环境条约的重要补充，同时也是国际环境法的催生力量之一。

值得注意的是，一些区域性的国际司法组织如欧洲法院，其判决具有一定的判例法作用，在其成员国范围内有直接的约束力。

（六）著名学说

著名学说即是"各国权威最高之公法学家学说"，包括学者、法律专家及国际法庭对国际法问题的观点和意见。它所指的不仅是"专门著作家"，而且还应包括著名国际法学家和国际法学术团体，如联合国国际法委员会、国际法学会、国际法协会等发表的意见、评论及发表出版的学术刊物。

关于国际环境法的著名学说，不仅陈述现行法律，而且作出评论和改进的建议并提供可靠的资料。这对于说明国际环境法的原则、规则和制度显然是有益的，是有助于国际环境法发展的。也可以将之视为国际环境法的一个潜在渊源。

第二节　国际环境法的发展历史

一、国际环境法的产生

与整个环境法一样，旨在国际层次上保护生态环境的国际环境法是法学的新事物。一般认为，它真正产生于"二战"后的重建时期，这个时期，世界经济发展达到前所未有的程度。然而，这种发展是不均衡的，使世界各国之间的差距加剧；这种发展也是无序的，使生态环境的基本平衡被破坏。在这一时期产生的国际环境法，并非人类思想超前的结果，而是人类应对环境灾难及损害的迫不得已的选择。当人类意识到只能用国际协作的方法来制止迅速向全世界蔓延的环境损害时，环境问题的处理也就成为世界共同的命题。

国际环境法的产生基于以下事实或条件：

（一）客观上，国际环境法的出现根源于环境和环境问题的客观存在。

环境对于任何一国而言都是至关重要的。自 20 世纪 50、60 年代以来，世界性的大气及水体污染、酸雨、土地荒漠化、生物资源危机等许多环境问题已现实地存在于人们的生活中，使人类不得不面临生存与发展的严重挑战。事实证明，环境问题已不是哪一个国家或某几个国家面临的现实问题，而是关系到全球的大问题；环境问题涉及各国政治经济、社会制度、科技水平和财力物力，涉及双边、多边国际关系，必须通过国际协作方式由国际法律规范予以调整。

（二）主观上，国际环境法的产生反映了国际社会的共同要求。

试图通过国内的管理调控来制止逐渐向他国蔓延或来自他国的污染与破坏，其成效微乎其微，而借助国际协作，效果则迥然不同。欧洲的多瑙河，在河流分属沿岸各国各自管理时期，污染的治理没有取得预期效果，但当沿岸 8 国联合共同治理时，情况则大为改观。在事实面前，各国政府及人民意识到，一国国内的防治措施固然必要，但在维护国际环境方面，要使环境保护工作更加有效、彻底，必须要获得其他相关国家的协作与支持。

（三）国际组织包括一些专门性、区域性的国际组织推动了国际环境法的产生。

国际环境保护与国际组织密切相关，各种国际组织都在不同的角度和程度上关注人类环境保护事业并从事相应的环境保护活动。大多数重要的国际环境保护活动是在有关国际组织的组织和协调下进行的，许多环境保护条约是由有关国际组织发起并组织起草和签署的。它们的努力，极大地推动了国际环境法的产生。比如，欧洲理事会在1968年通过了两个"最早的由国际组织制定的环境法律文件"①，即《控制大气污染宣言》和《欧洲水宪章》，对国际环境法的产生和早期发展意义非凡。

二、国际环境法的萌芽时期

国际环境法的萌芽时期是19世纪中期至20世纪40年代联合国成立，这一时期是国际环境法的初创阶段。最早的国际环境保护合作行动始于对鱼类和野生生物的保护。国际环境法也可以追溯至19世纪30年代以后一些关于捕鱼和渔业资源保护的条约和协定。此后，渔业资源、边界水域以及动植物资源等保护方面的国际条约得到了一定的发展。

具体来看，一些国家之间签订的保护国际航道和渔场的国际条约，如1815年的《关于保护国际河道的规定》、1855年的《莱茵河捕鱼协定》、1867年的《英法渔业公约》以及1882年的《北海过量捕鱼公约》等。进入20世纪，这类条约随之增多，但多为单项性规范。由于这时的条约主要着眼于经济利益，环境本身还不是主要的保护对象，因此条约的短期功利主义倾向比较明显。后来以保护动植物为主要内容的条约开始出现，如1933年的《伦敦公约》、1940年的《华盛顿公约》就是以保护非洲和美洲的野生动植物为主要内容的国际公约。不过，总体来看，这些国际法律文件不仅调整的范围狭窄，而且也主要不是从生态系统的角度出发来看待环境保护，因此还谈不上是现代意义的国际环境法。

总的来说，这一时期的国际环境成文法是有限的，其调整的范围狭窄，仅仅

---

① [法] 亚历山大·基斯著；张若思编译. 国际环境法 [M]. 北京：法律出版社，2000.

旨在保护少数被认为对人类有价值的资源或保护人类的健康。①国际环境公约表现的是一种短期的功利主义，其保护措施取决于某些物种的直接效用，却完全忽视了其他物种如猛禽在生态系统尤其是在维护动物的平衡方面的作用。

值得一提的是，在这个时期，还出现了两起影响深远的涉及国际环境争端解决的仲裁案件，由其所确立的原则对以后国际环境法的发展产生了积极的影响。一起是 1893 年的太平洋海豹（Pacific Fur Seal）仲裁案，另一起是 1938 年和 1941 年的特雷尔冶炼厂（Trail Smelter）仲裁案。

"太平洋海豹仲裁案"，因美国和英国之间关于白令海海豹捕猎纠纷而引起。在该案中，美国主张其有权在 3 海里领海线以外采取行动保护经常光顾美国岛屿的海豹，而英国则坚持认为 3 海里以外是公海，并以传统的"公海自由"原则反对美国的这一主张。后经两国同意，将该案提交一个由美、英各两人，法国、意大利和瑞典各一人组成的 7 人仲裁庭进行裁决，仲裁庭依据传统的"公海自由"原则认为美国对于那些虽经常光顾其岛屿但处于其领海线以外的海豹不享有保护权或财产权，不得以此为借口将其自然资源管辖权扩大到其管辖范围以外的地区。同时，仲裁庭还指出，应对 3 海里领海线以外的海豹采取一些保护措施，如设立禁猎季节和限制猎捕方法和工具等。该案作为早期的一起涉及保护一国领域外生物资源的案例，为以后类似问题的解决提供了一个可资借鉴的样本。

"特雷尔冶炼厂仲裁案"由位于加拿大的不列颠哥伦比亚省的一家冶炼厂排放的二氧化硫烟雾对美国华盛顿州所造成的财产损害引起。1935 年美加两国将此案提交一个由一名比利时人任主席和美、加各一人任仲裁员的仲裁庭裁决。仲裁庭先后两次作出裁决。在 1938 年的裁决中，仲裁庭判定冶炼厂的烟雾对华盛顿州造成了损害并裁决加拿大对美国赔偿 7.8 万美元。在 1941 年的第二次裁决中，仲裁庭对跨界污染损害的责任问题作出了一个著名的裁定："根据国际法以及美国法律的原则，任何国家都没有权利这样地利用或允许利用它的领土，以致其烟雾在他国领土或对他国领土上的财产和生命造成损害，如果已发生后果严重的情

---

① 王曦. 联合国环境规划署环境法教程 [M]. 北京：法律出版社，2002.

况，而损害又是证据确凿的话。"这一原则使得"特雷尔冶炼厂仲裁案"成为国家不得损害国外环境的第一个国际司法判例。这一原则在后来为很多国际环境法文件所采纳，并在一系列有关国际环境问题的案例中得到引用，成为一项公认的国际环境法基本原则和国际习惯法规则。

另外，在这一时期，国际性的环境保护组织开始成立，如 1909 年在巴黎召开的国际自然保护大会设立了世界上第一个关于自然保护的国际机构；1913 年17 个国家在瑞士的伯尔尼签署协议，成立国际自然保护委员会。但由于两次世界大战的爆发，这方面的努力被迫中断了。

三、国际环境法的初步形成时期

国际环境法的初步形成时期，也就是联合国成立至 20 世纪 70 年代，第二次世界大战以后，国际经济得到迅速发展，在缺乏对环境问题科学认识的前提下，单纯地追求经济发展是这一时期的主旋律，各国相继出现了非常严重的环境污染和生态破坏问题，并从一国范围逐渐演化为区域甚至全球问题。随着国际社会开始关注这些环境问题，现代国际环境法进入了一个新的阶段。

在这一时期，区域性和国际性的国际环境组织大量出现。尤其是 1945 年联合国的成立，对国际环境保护有极大的推动作用。1945 年联合国的成立，为国际环境法的发展注入了新的活力。按照《联合国宪章》第 1 条第 3 款的规定：联合国旨在"促进国际合作，以解决国际间属于经济、社会、文化及人类福利性质的国际问题"。姑且不说环境问题在一定意义上就是经济、社会以及文化问题，就环境问题的性质看，国际环境问题本身就是最大的、也是最为根本的涉及人类福利的国际问题。显然，《联合国宪章》的这一规定为联合国在促进全球环境保护的国际合作、推动国际环境法的发展方面奠定了坚实的国际法基础。

在联合国早期成立的专门机构中，有两个与环境保护相关的机构。一个是于1945 年成立的联合国粮农组织（FAO)，另一个是同年成立的联合国教科文组织(UNESCO)，粮农组织的宗旨包括"保护自然资源和采纳经改良的农业生产方法"。该组织后来在生物遗传资源的利用和保护以及转基因农作物的开发、利用和风险防范方面发挥着重要作用。教科文组织的宗旨是促进包括保护区和保护历史和科学遗迹在内的教育、科学和文化方面的国际合作。此后，该组织在世界文化和自然遗产以及国际湿地保护方面都发挥了重要作用。1948 年，在联合国教科文组织的支持下，第一个国际环境保护组织——国际自然保护同盟在瑞士成立，该组织后来在国际环境保护中发挥了很大的作用。同时，一些区域性国际组织，如欧洲理事会和非洲统一组织等，在促进区域甚至全球国际环境法的发展中扮演着重要角色。

这一时期，国际环境条约的数量明显增加，到 1970 年为止，全球大约缔结了 60 项国际环境协定。①从 20 世纪 50 年代起，海洋环境的保护成了重点，1954 年签订的《国际防止海上油污公约》，成为这一领域最早的多边国际条约。除了以污染防治为目的的国际协定外，自然保护的立法也取得了长足的发展。如 1958 年的《公海渔业及生物资源养护公约》、1959 年的《南极公约》、1968 年的《保护自然和自然资源的非洲公约》等即为其典型。不仅如此，随着调整范围的进一步扩大，国际社会于 1963 年还签订了《禁止在大气层、外层空间和水下进行核试验条约》，1967 年又签订了《外空条约》等。同时，这一时期的国际环境法客体范围也在不断扩大，将南极、大气层和外层空间纳入了调整范围。另外值得一提的是，此阶段的国际环境法在区域环境保护方面有所发展。

虽然这一时期国际环境法有了很大的进步，但是仍然与全球环境保护的要求有很大差距。值得一提的是，在这个时期所签订的一些有关海洋环境保护的条约在内容上的一些新发展，已反映出国际法某些新原则的雏形。例如，1969 年的《国际油污损害民事责任公约》规定了船舶所有人对油污损害的"无过失责任"；1971 年的《设立国际油污损害赔偿基金公约》创立了"基金赔偿制度"；1972 年的《奥斯陆倾倒公约》则首创了关于倾倒的"黑名单"制度。

尽管有很多公约产生，但是还没有起到协调经济发展与环境保护的作用。虽然成立了一些国际环境保护组织，但是各组织之间的活动明显缺乏协调。因此，迫切需要一个专门关注环境问题的机构。

---

①王曦. 联合国环境规划署环境法教程 [M]. 北京：法律出版社，2002.

四、国际环境法的逐步发展时期

国际环境法的逐步发展时期，是1972年人类环境大会至1992年的联合国环境与发展大会。

1972年联合国人类环境会议是国际社会就环境问题召开的第一次世界性会议，标志着全人类对环境问题的觉醒，是国际环境法发展史上的一个重大的里程碑。在这次会议的推动下，国际环境法在其后的20年里不仅形成了一个较为完整的框架体系，而且获得了逐步发展。通过这次会议，现代国际环境法的基本原则和重点发展方向初步得到确立，但是，它也第一次集中显示了各国在一些环境问题上的重大分歧，向人们昭示着现代国际环境法的发展将是一个充满矛盾和斗争的过程。①

这一时期，国际环境法的思想及理论基础显著加强，人类对环境与自身发展的认识上升到了前所未有的高度，可持续发展的观念深入人心。这些集中的共同认识反映到了国际环境法的各类文件、条约及司法活动中，成为国际环境法制定、发展、完善的坚实基础。

这一时期，环境条约体系进一步完善，数量增多、调整范围扩大、调整手段和实施机制有了较大改进。"软法"性质的文件也有了长足发展，一系列有关的宣言决议深刻阐述并一再确认了有关国际环境的立法指导思想和原则。

五、国际环境法的深入发展时期

1992年的联合国环境与发展大会是国际环境法发展史上的第二个里程碑。此次会议通过了五项文件，确立了可持续发展的指导思想和目标，指出："为了实现可持续发展，环境保护工作应是发展进程的一个整体组成部分，不能脱离这一进程来考虑。"②并再次明确了国家对其管辖范围内自然资源的主权和相应责任原则；提出了"共同但有区别的责任"原则，承认发达国家和发展中国家应承担不同的义务；并确立了风险预防原则，指出："为了保护环境，各国应根据其能

---

①王曦.联合国环境规划署环境法教程[M].北京：法律出版社，2002.
②王曦.联合国环境规划署环境法教程[M].北京：法律出版社，2002.

力广泛运用预防的方法，在有严重或不可挽回的损害威胁时，缺乏充分的科学确定性不应被用来作为延迟采取防止环境恶化的有效措施的理由。"

1992 年以后，国际环境法继续朝着更广泛、更深入的领域发展，在全世界掀起了环境保护国际合作的新高潮。在这一时期，可持续发展战略和全球伙伴观念作为人类环境与发展的方向及实现途径正式确立。为国际环境法指明了前进的方向。《里约环境与发展宣言》后的国际环境法律文件更加细致、更加具体，已经突破了国际环境法初期只能规定原则和目标，无法确定具体义务的立法模式，使国际环境法律规范日趋具体化和明确化。

第三节　国际环境法的基本原则

国际环境法的基本原则是指那些被各国公认和接受的、具有普遍约束力、适用于国际环境保护的各个领域，构成国际环境法基础的法律原则。从法理学的角度看，作为法的要素的法律原则是法律上规定的用以进行法律推理的准则，其不仅可以指引人们如何正确地适用规则，而且在没有相应法律规则时，可以代替规则来作出裁决，即较有把握地应对没有现成规则可适用的新情况。①对国际环境法而言，明确国际环境法的基本原则尤其具有重要意义。这是因为，国际环境保护十分复杂，不仅涉及环境问题，还会涉及社会、经济等多个方面，往往很难获得适用于所有领域的具体明确的法律规则。因此，国际环境法很多情况下只是原则性地规定了各国的一般性义务，而将具体法律规则的制定留给各国进一步探讨和协商。在诸多国际环境法的原则中，国际环境法的基本原则对于国际环境法的制定、发展和适用具有决定性作用，构成国际环境法的基础。

国际环境法的基本原则是国际法基本原则在国际环境保护领域的具体化。一方面，作为国际法的一个分支，国际环境法需要遵循国际法的基本原则；同时国际环境法作为国际法的一个特定领域，其调整对象、内容和调整方法都有其特殊性。正是在遵循国际法的基本原则和考虑国际环境法特殊性的基础上，逐渐形成了国际环境法的基本原则。然而，在对国际环境法基本原则的认识上各国学者并没有形成统一的认识。国外环境法学者提出的国际环境法基本原则包括：苏联学者曾提出了当代和后代保护和改善自然环境原则、国家对其自然资源享有不可分割的主权原则、不对本国管辖范围以外的环境造成损害和对损害承担责任原则、

---

①沈宗灵．法理学 [M]．北京：北京大学出版社，2000．

国际环境合作原则和预防环境损害原则等国际环境法的基本原则。法国亚历山大·基斯教授则认为国际环境法的基本原则包括国家主权与尊重国家管辖范围以外的环境、国际合作、保全和保护环境、防止环境损害、预防原则、污染者负担、环境紧急情况时进行通知和援助、跨界关系中的通报与协商以及个人在环境领域享有平等诉诸救济和非歧视权利原则等九项原则。

我国学者对国际环境法基本原则的论述也多有不同，如有学者认为国际环境法基本原则包括经济、社会发展必须与环境保护相协调原则、各国负有共同但有区别的保护全球环境的责任原则、尊重国家主权原则、不损害他国环境和各国管辖范围以外环境原则、为保护人类环境进行国际合作原则、兼顾各国利益和优先考虑发展中国家特殊情况和需要原则、共享共管全球共同的资源原则、禁止转移污染和其他环境损害原则、重视预防环境污染和生态破坏原则、国家应对国际环境损害承担责任原则、和平解决国际环境争端原则①。有学者认为国际环境法基本原则包括可持续发展原则、人类共同利益原则、国际环境合作原则、共同但有差别的责任原则、充分考虑发展中国家特殊情况和需要的原则、各国环境主权和不损害管辖范围以外环境的责任原则②。有学者认为国际环境法基本原则包括国家资源开发主权权利和不损害国外环境责任原则、可持续发展原则、共同但有区别的责任原则、损害预防原则、风险预防原则和国际合作原则③，等等。总的来看，我国学者对国际环境法基本原则的论述大都选取了比较成熟的观点，并就其中的大多数内容取得了共识。本书即主要对这些得到普遍认可的国际环境法基本原则加以论述，具体包括尊重国家主权和不损害国外环境原则、国际合作原则、可持续发展原则、预防原则和共同但有区别的责任原则。

一、尊重国家主权和不损害国外环境原则

一般认为，尊重国家主权和不损害国外环境原则包含两个不可分割的方面：一是尊重国家主权，二是不损害国外环境，二者相互结合构成该原则的完整含义。

---

①马骧聪. 国际环境法导论 [M]. 北京：社会科学文献出版社，1994.
②金瑞林. 环境法学 [M]. 北京：北京大学出版社，1959.
③王曦. 国际环境法 [M]. 北京：法律出版社，1998.

　　国家主权是国家的根本属性，是指国家有独立自主地处理其内外事务的权利。国家主权包括对内的最高权和对外的独立权。所谓对内最高权是指国家在国内有权自主决定和处理其国内管辖的事务。

　　所谓对外独立权是指国家在国际关系的处理中具有独立、平等的权威，国家在行使权力时完全自主，不受任何外来的干涉，对于国际事务，主权国家享有平等参与的权利。概言之，所谓国家主权即是指国家独立地处理其国内和国外事务，不受任何外来的干涉和侵犯。国家主权是国际法的根本原则，为世界各国所公认。国际环境法的尊重国家主权原则是国家主权原则在国际环境领域的适用和具体化。其主要内容包括：第一，国家对本国环境资源享有永久主权权利，有权根据本国情况决定自己的环境政策和战略，自主对本国的资源进行开发利用，其他国家对本国资源的开发利用必须经过本国的许可，并在本国的管辖下进行；第二，任何国家不得借口环境保护而干涉别国的内政；第三，各国不论大小，对国际环境事务享有平等的参与权，因为环境问题涉及所有国家的利益，不能由个别或者少数几个国家来决定甚至操纵，而应该在各国广泛参与的情况下通过平等协商解决。在国际环境领域确认尊重国家主权原则具有重要意义。长期以来，发展中国家受不公平的国际政治经济秩序的影响，面临着贫困和环境恶化的双重压力。而对于发展中国家面临的问题，发达国家往往不是从历史和现实中去客观地分析问题，而是一味指责发展中国家在消除贫困，寻求发展的过程中对环境造成的污染，散布所谓"环境威胁论"。一些人甚至否认国家主权原则，认为国家主权是保护全球环境的最大障碍，主张设立国际环境管理机构来负责地球环境资源的保护和管理。而超国家机构的设立，势必为发达国家凭借其强势地位所操纵，并在国际环境领域推行"环境霸权主义"，以环境保护为借口干涉发展中国家内政，其结果只能是遏制发展中国家的发展进程，造成发展中国家的日趋贫困，而环境问题也无力得以解决。因此，只有确立尊重国家主权的原则，才能避免其他国家对本国环境事务的干涉，而根据自身的经济发展状况，确定环境政策和发展政策，并在发展的过程中保护和改善环境。

　　当然，国家主权并不是绝对的，国家主权权利的行使须受到国际法的约束。就环境而言，保护环境是全人类共同利益之所在，由于环境的整体性，某一部分环境的变化都会在不同程度上对其他部分乃至整个环境造成影响，因此，各国必须对其各种环境资源开发活动进行必要的限制，不能对国外环境造成损害。这里所指的不损害"国外环境"，包括不损害其他国家的环境和国家管辖范围以外的环境两方面的含义。不损害其他国家的环境是国际法互相尊重主权原则的引申，既然各国都享有主权权利，各国就在行使其主权权利时，尊重其他国家的主权权利，不得对其他国家的环境和资源造成损害。而不损害国家管辖范围以外环境则更多是出于对全人类共同环境利益的维护。所谓国家管辖以外的环境，是指国际海底区域、公海、南极地区以及大气空间、外层空间和月球等。这些环境空间及其自然因素和条件是地球生态环境的组成部分，属于人类共同继承的遗产，任何国家不得据为己有，而应该为了全人类的共同利益，和平利用，各国有义务保证其不对这些区域的环境造成损害。此外，实践中从维护全球生态和环境的角度看，一些在国家管辖范围之内的自然资源也属于人类共同继承的遗产，对此各国也应根据国际条约等的有关规定，对自己的主权权利进行适当限制。

总之，尊重国家主权和不损害国外环境原则强调了两个相互关联的概念：一是"权利"的概念，即国家对于其环境事务拥有主权权利，其他国家不得干涉和侵犯。二是"义务"的概念，即国家在行使主权权利方面需要承担不得损害国外环境的义务。从一定意义上讲，该原则突破了传统的国际法原则，它不仅体现各国的主权权利和各国主权权利的平等和相互尊重，而且要协调各国主权权利与人类共同利益之间的关系[1]，这对于国际环境法具有重要指导意义。

二、国际合作原则

国际合作原则是国际法基本原则之一，并作为处理国际事务的基本准则得到普遍的承认。对于国际环境保护而言，国际合作原则尤其具有重要意义。

这不仅是因为国际环境保护涉及各国的共同利益，更因为国际环境问题本身具有全方位、全因子、整体问题与局部问题交叉和互相促进、既有当前症状又有滞后效应等特点。这就决定了国际环境问题的解决无法由个别国家单独解决，必须通过国际合作才有解决的可能。而各国由于政治、经济、文化等方面的差异性，

---

[1]金瑞林.环境法学 [M].北京：北京大学出版社，1959.

在如何具体进行国际环境保护上难免会产生国家利益上的矛盾与冲突。只有通过国际合作才能协调各国的行动，共同寻求解决国际环境问题的可行途径。无论国际环境法的制定还是实施，都必须以国际合作为基础。一定意义上讲，诸多国际环境条约的签订、国际环境组织的建立以及各种关于环境的国际宣言和决议的出台都是环境领域开展国际合作的产物和体现。

具体而言，国际环境法的国际合作原则是指各国对全球环境问题应采取协调一致的办法，彼此协商，充分合作，共同采取必要的措施来解决。环境领域的国际合作包括国家间的合作和机构间的合作两个层面，其中国家间的合作是合作的主要形式，包括全球性、区域性和双边的国际合作等不同方式。国家为环境保护进行的合作更多地体现在国际组织的工作中，因为许多环境问题不能简单地通过制定规则得到解决，而是需要有关国家之间的持续合作，必须建立常设机构即国际组织来具体实施国际合作。机构间的合作主要是为了协调各环境机构之间的关系，以便更好地发挥其各自在促进国家间环境合作方面的效能。

三、可持续发展原则

可持续发展指的是既满足当代人的需要，又不对后代人满足其需要的能力构成危害的发展。它包括了两个重要的概念："需要"的概念，尤其是世界贫困人民的基本需要，应将此放在特别优先的地位来考虑；"限制"的概念，技术状况和社会组织对环境满足眼前和将来的需要的能力施加的限制。

可持续发展是人类在正确认识人类自身与自然关系的基础上对经济社会发展观的一次飞跃，它强调了环境保护对人类的重要性，同时又将环境保护与发展有机结合起来，因此其一经提出，迅即获得了国际社会的广泛认同和普遍接受。然而可持续发展作为国际环境法的一项基本原则仍处于发展之中，对该原则的理解并未达成完全一致的意见，一般认为应包括代际公平、代内公平、可持续利用和环境与发展协调一体化四方面的内容。

（一）代际公平

所谓代际公平是指当代人的活动应该考虑后代人的环境权益，不能以牺牲后代人享有良好资源环境的权利为代价进行发展。对于代际公平内容的阐述，美国学者爱蒂丝·布朗·魏伊丝教授最具代表性。其在 1984 年发表于《生态法季刊》

的题为《行星托管：自然保护与代际公平》的论文中提出代际公平由三项原则组成：一是保存选择原则，即每一代人都应保存自然资源和文化资源的多样性，以避免对后代人在解决他们问题和满足他们自身价值时可获得的多种选择权造成不适当的限制；二是保存质量原则，即每一代人都应保持地球的生态环境质量，以便使它以不比从前代人手里接下来时更坏的状况传递给下一代；三是保存取得和利用原则，即每一代人应为其成员提供平等地取得和利用前代人遗产的权利并为后代人保存这项取得和利用权。

（二）代内公平

代内公平指的是代内的所有人，不论其国籍、种族、性别、经济发展水平和文化方面的差异，对于利用自然资源和享受清洁、良好的环境享有平等的权利。代内公平的主要问题是发展中国家和发达国家之间的公平问题。发展中国家与发达国家之间的不公平集中体现在不公平的国际经济秩序上。从历史上看，资本主义经济的高速发展是建立在对发展中国家的大肆剥削和资源掠夺基础上的，其结果不仅造成了发展中国家和发达国家之间经济上的巨大差距，也给人类社会造成了日益严重的环境危机。因此，实现代内公平必须充分考虑发展中国家的特殊情况和需要，建立国际经济新秩序和新的全球伙伴关系。

（三）可持续利用

可持续利用指的是以保存和不以使其耗竭的方式利用自然资源。具体而言，对于可再生的资源，应在保证其最佳再生能力的前提下加以利用；而不可再生资源的情况则有很大的不同，对不可再生资源的利用必然会导致其总量的绝对减少，因此，所谓对不可再生资源的可持续利用并不是不利用，而是应控制其耗竭的速率，确保在得到可接受的替代物之前不会枯竭，以"尽可能少地妨碍将来的选择"[1]。

（四）环境与发展协调一体化

环境与发展协调一体化指的是将保护环境和经济、社会的发展有机结合起来，一方面在制定经济、社会发展规划和计划时，应考虑环境保护的需要，同时在进行环境保护时也应考虑到经济社会发展的需要，既不能以牺牲环境为代价寻求经

---

①世界环境与发展委员会.我们共同的未来[M].北京：世界知识出版社，1989.

济社会的发展，也不能单纯强调环境保护，而实行所谓经济的"零增长"。

可持续发展原则中，上述四个方面的含义是一个有机的整体，应该将其相互联系起来加以理解。代际公平以代内公平为基础，如果说当代全球环境的恶化对后代人的环境权益构成侵犯的话，那么这种损害也主要是发达国家造成的，应该由发达国家承担主要的责任。对于发展中国家而言，首要任务还是发展，贫困的社会是无法为后代人享受其环境权益而保存足够的选择、良好的环境质量和充分的接触和使用渠道的①。对此，《布伦特兰报告》对可持续发展进行的界定也明确提出了"需要"的概念。当然，发展中国家的这种发展不应再走依靠过度消耗和破坏地球生命与支持能力而换取发展的老路，而应寻求对资源的可持续利用。对资源的可持续利用是可持续发展原则最基本的要求，而实现可持续利用的关键即是处理好环境与发展的关系，实现环境与发展的一体化。正如"可持续发展"术语本身所展示的那样，环境的可持续性与发展是一个矛盾的统一体②，强调可持续还是发展会产生不同的政策倾向，国际环境领域发展中国家和发达国家关于可持续发展原则理解上的分歧和争议也主要源于此。因此，可持续发展原则实践运用的关键是处理好环境保护与发展的关系，并根据具体情况对环境保护和发展进行协调，以寻求二者之间的最佳平衡点。

四、预防原则

预防原则是根据全球环境恶化结果发生的滞后性和不可逆转性的特点提出的。所谓预防原则是指各国应采取适当的措施防止对环境的损害。在遇到严重或不可挽回的环境损害的危险时，即使存在着科学的不确定性，也应采取防止环境恶化的有效措施。预防原则由环境损害预防和环境风险预防两方面的内容组成③。

环境损害预防原则是国家的一项责任，即国家应尽早地在环境损害发生之前采取措施以制止、限制或控制在其管辖范围内或控制下的可能引起环境损害的活

---

①王曦. 论国际环境法的可持续发展原则 [J]. 法学评论，1998（3）.

②可持续发展的英文"sustainable development"即源于两个具有相反含义的动词"持续"（sustain）和"展"（develop）.

③王曦. 论国际环境法的可持续发展原则 [J]. 法学评论，1998（3）.

动或行为①。实际上，该原则是尊重国家主权和不损害国外环境原则的一种延伸。

环境风险预防是指为了保护环境，各国应按照本国的能力，广泛适用预防措施。遇到有严重或不可逆转损害的威胁时，不得以缺乏科学充分确实证据为理由，延迟采取符合成本效益的措施防止环境恶化。当然，风险预防原则还是一个处于发展中的原则，风险预防原则的实施要受到相关条件的限制。例如需要根据具体实施国的能力而确定具体实施措施，需要在遇有严重或不可逆转的环境损害威胁的情况下实施等。具体则因适用的环境领域不同而宽严不一，在废物处理方面，一般规定得比较严格和清晰，而在控制温室气体排放等问题上则规定得比较宽松和模糊。

作为预防原则的两个方面，环境损害预防和风险预防都是以防止环境损害的发生为目的的，但二者又存在以下差别：一是风险预防原则重在采取预防措施避免环境恶化之可能性，而损害预防原则重在采取措施以制止或阻碍环境损害的发生；二是风险预防原则所针对的，是严重或不可逆转的环境损害之威胁或风险；而损害预防原则所针对的环境损害的范围更为广泛一些，它既包括环境损害之风险，又包括实际发生的或即将发生的环境损害；三是风险预防原则所针对的，是在科学上尚未得到最终明确的证实但如等到科学证实时再采取措施则为时已晚的环境损害之威胁或风险，而损害预防原则并非专门针对此种情况②。

总之，损害预防原则适用于科学上确定的情况，这个情况表明一个活动对环境有或可能有不利影响。正是存在这种科学上的确定性，可以通过对损害根源上采取行动来阻止或减少对环境的破坏。若是存在科学上的不确定性时，则需要适用风险预防原则。风险预防原则可以看作损害预防原则的最高形式。虽然风险预防原则同样寻求避免环境损害，但它是在不作为的后果可能非常严重或不可挽回的时候予以适用，如环境大规模退化或一个物种的灭绝等。然而，由于科学上的不确定性，对这些重大风险的确定并不总是很容易。也就是说，对于得出某些结论，科学家还没有达成一致，至少还没有形成明确和稳定的大多数。因此，决策

①王曦．国际环境法 [M]．北京：法律出版社，1998.
②王曦．国际环境法 [M]．北京：法律出版社，1998.

者必须对特定情况进行研究，根据最可靠的证据和最可信的科学方法作出决策①。

五、共同但有区别的责任原则

保护和保全环境是各国需要承担的一项基本义务，但是就全球环境保护而言，由于地球生态系统的整体性和导致全球环境退化的各种不同因素，各国应承担共同的但又有差别的责任。共同但有区别的责任原则包括两方面的含义：

首先，各国对于全球环境保护负有共同的责任，即各国，不论其大小、贫富等方面的差别，都对保护全球环境负有一份责任，都应当参加全球环境保护事业，这是由地球生态的整体性决定的。保护全球环境是全人类的利益所在，任何国家都对此负有责任。一般认为这种共同的责任主要表现在以下几个方面：一是各国必须采取切实措施保护和改善本国管辖范围内的环境；二是各国应当采取措施防止在其管辖范围内和控制下的活动对其他国家和国家管辖范围以外区域的环境造成损害；三是各国广泛参与环境保护的国际合作；四是各国应当在环境保护方面互相支持和援助②。

其次，各国对于全球环境保护所承担的共同责任不是平均的，而是有差别的。这种差别性主要是针对发展中国家和发达国家而言的，即发达国家对于全球环境保护应承担比发展中国家更多的责任。这是因为，首先，从历史上看，全球环境的退化主要是发达国家造成的，发达国家在其实现工业化的过程中，长期过度消耗地球资源，对全球环境造成严重破坏和污染，而且就目前情况看，地球环境所承受的来自人类社会的压力的大部分仍然来自发达国家。与造成全球环境退化的历史和现实相对应，发达国家应对全球环境保护承担更多的责任。其次，就各国所掌握的"技术和财力资源"而言，发达国家也应该承担更多的责任。环境问题的解决需要技术和资金的投入，而与发达国家相比，发展中国家最缺乏的就是技术和资金，而且有限的资金还要考虑优先用于发展经济。因此，要求发展中国家和发达国家承担同样的义务是根本不现实的，其结果只能是谁

---

① [法] 亚历山大·基斯. 国际环境法 [M]. 北京：法律出版社，2000.
② 金瑞林，汪劲. 20世纪环境法学研究评述 [M]. 北京：北京大学出版社，2003.

也不承担义务①。

　　总之，共同但有区别的责任原则强调了各国对解决全球环境问题的共同责任和差别责任的结合，较好地体现了在全球环境保护方面的国际公正性。根据该原则，发达国家应在保护全球环境中率先行动，对其生产和消费方式做出实质性改变，并对发展中国家提供技术、资金等方面的援助，以增强发展中国家环境保护的能力，共同参与到全球环境保护的进程中。另一方面，发展中国家也应正视其所承担的保护全球环境的责任和义务，并根据自身的能力和情况做出积极的努力。实践中，共同但有区别责任原则适用的关键在于如何平衡并确定发展中国家和发达国家在全球环境保护中所承担的具体义务，而这一问题往往成为国际环境保护协议谈判和实施中争论的焦点。以《气候变化框架公约京都议定书》为例，发达国家一再强调发展中国家共同参与的重要性，如果没有发展中国家的参与，有关温室气体削减的努力则会失去效果；而发展中国家出于自身发展的需要，则强调发达国家应承担主要责任，并应率先履行削减义务，最终由于双方在承担责任上的分歧和发达国家的抵制，致使该《议定书》迟迟不能得到实施。可见，尽管共同但有区别的责任原则得到确立，但在该原则的实施上还存在着很多的不确定性，需要根据具体情况进行分析。

---

①李耀芳.国际环境法缘起 [M].广州：中山大学出版社，2002.

第四节　国际环境法的法律关系

一、环境与资源保护法律关系的概念

以前，我们通常将法律关系定义为，由法律规范所确认的当事人之间的具有权利义务内容的社会关系。但从广义上来说，法律关系是指通过法律所形成和建立的各种关系。基于这种广义的认识，环境与资源保护法律关系是指，由环境与资源保护法所调整的各种关系，包括环境与资源保护法律规定或涉及的人与人的关系和人与自然的关系，合称为环境资源社会关系。这个定义包含以下两层意思：

第一，环境与资源保护法律关系是一种环境资源社会关系。环境与资源保护法律关系包括环境与资源保护法律明文规定或间接体现的人与人的关系和人与自然的关系。在这两种关系中，有的学者只承认前者而否认后者，这实际上是对法律关系的一种狭义的理解。

第二，环境与资源保护法律关系只能是环境与资源保护法所调整的环境资源社会关系。在现实中，人与人的关系和人与自然的关系是多种多样的，但只有经过环境与资源保护法所调整的那种环境资源社会关系才属于环境与资源保护法律关系。环境与资源保护法没有规定的环境资源社会关系不属于环境与资源保护法律关系，即没有环境与资源保护法就没有环境与资源保护法律关系。

环境与资源保护法律关系包括三个方面的构成要素：环境与资源保护法律关系的主体、环境与资源保护法律关系的内容和环境与资源保护法律关系的客体。

二、环境与资源保护法律关系的主体

环境与资源保护法律关系的主体，是指在环境与资源保护法律关系中享有权利和承担义务的当事人或参加者，又称权利义务主体。

（一）环境与资源保护法律关系主体的种类

在我国，环境与资源保护法律关系主体包括国家、法人、非法人组织和自然人。

国家是环境与资源保护法律关系的一种特殊主体，也称公法人。在国际环境与资源保护法律关系中，如参加国际环境资源公约、缔结环境资源的双边或多边条约、处理国际环境资源纠纷，国家具有重要的地位。在国内环境与资源保护法律关系中，国家并不以自己独立的身份直接参与环境与资源保护法律关系，而是通过国家机关或授权的组织参与环境与资源保护法律关系。

法人是指具有权利能力和行为能力，依法独立享有民事权利和承担民事义务的组织。它包括机关法人、事业法人、企业法人和社会团体法人四种，不管哪种法人都可以成为环境与资源保护法律关系的主体。

非法人组织，又称其他组织，是指不具备法人资格、不能独立承担民事责任的社会组织。它包括独资企业、合伙企业、法人分支机关、非法人联营组织等。它们也是环境与资源保护法律关系的主体。

自然人是因出生而取得民事主体资格的人，是相对于法人的民事主体。自然人包括国内公民与外国公民以及无国籍人。根据《中华人民共和国民法通则》（以下简称《民法通则》）的规定，公民从出生时起到死亡时止，都有民事权利能力，但公民只有年满 18 周岁时才能享有完全民事行为能力，10 周岁以上不满 18 周岁的未成年人是限制民事行为能力人，不满 10 周岁的未成年人为无民事行为能力人。在环境与资源保护法中，自然人不论年龄大小都有保护环境资源的义务。如根据第五届全国人民代表大会第四次会议《关于发展全民义务植树运动的决议》，凡年满 11 周岁的公民都有植树的义务。因此，自然人是环境与资源保护法律关系最广泛的主体。

从环境资源管理的角度来划分，还可将环境与资源保护法主体分为管理主体和受控主体两类。管理主体是指能够代表国家行使其环境资源保护职能的各种国家机关；受控主体是指在环境资源活动中接受国家的调控和管理的主体。

（二）环境与资源保护法律关系主体的特征

第一，环境与资源保护法律关系的主体具有广泛性。它的主体广于民事法律关系和行政法律关系的主体，任何法人、其他组织、自然人都可以成为环境法律关系的主体。在国际环境与资源保护法中，国家是环境与资源保护法律关系中的重要主体。

第二，国家环境资源管理机关是环境与资源保护法律关系中最重要的主体之一。在环境资源行政管理关系中，国家环境资源管理机关是环境与资源保护法律关系的必要的一方，具有不可替换性和不可选择性。国家环境资源管理机关可以单方面设立、变更和废除某些环境与资源保护法律关系，并以国家强制力使相对人接受和服从自己的意志。

第三，权利主体与义务主体具有对应性。在环境与资源保护法律关系中，一方既是权利主体，又是义务主体，并不存在单纯的权利主体或单纯的义务主体，而且该权利与义务是互通的，权利主体所享有的权利实质上就是一种义务，任何一方都不能只享受环境权利而不承担环境义务，也不能只承担环境义务而不享有环境权利。

三、环境与资源保护法律关系的内容

（一）环境与资源保护法律关系内容的含义

环境与资源保护法律关系的内容，是指环境与资源保护法律关系主体所享有的权利和承担的义务的总和。

环境与资源保护法律关系中的权利，是指环境与资源保护法律赋予主体某种权能、利益和自由，表现为法律对主体可以作出一定行为或者可以要求他人做出或不做出一定行为的许可。环境与资源保护法律关系主体的权利来源于法律，其实现权利的行为又必须遵守国家的法律。

环境与资源保护法律关系中的义务，是指环境与资源保护法规定主体必须履行的责任，表现为法律对主体必须做出一定行为或者不做出一定行为的约束。环境资源义务是国家强制人们实施的适应或满足环境权利的行为的合法手段，是实现环境权利，取得相应利益的前提和保障。

当国家机关作为行政性法律关系的主体时，其所享有权利和承担的义务包含在"职权"或"职责"之中，即主体依法行使职权或履行职责既是其权利又是其义务。

（二）环境与资源保护法律关系的具体内容

根据前述对环境与资源保护法律关系主体的分类，以下按环境与资源保护法的管理主体和受控主体的权利义务分别叙述。

1. 环境资源管理主体的权利和义务

（1）环境资源管理主体的权利。环境资源管理主体的权利又可称之为权力，

是指法律赋予的，为实现国家环境资源管理职能所必需的，运用各种国家机器及物质设施使全社会服从自己意志的各种强制力量的总称。这些权利包括：

①环境管理规范制定权。即根据宪法或法律授权，以法规、规章以及其他规范性文件形式，规定环境与资源保护法主体必须遵守的行为准则的抽象性权力。

②环境资源行政处理权。即根据环境资源行政法律规范，具体地为相对人设立、变更和取消权利义务的权力。

③处罚强制权。即环境资源管理机关对违反环境资源管理法规的行为人以制裁，对拒绝履行环境资源保护义务的行为人以强制执行的权力。

④物权。即国家对特定物的管理权，如河流、海域、滩涂、矿藏、森林等国有资产，由特定国家机关进行管理，实现其环境效益。对这些物的取得、收益和处分不完全适用民法规定。

⑤环境司法权。即解决因执行国家环境与资源保护法律法规而发生的各种纠纷的权力，主要包括公安、检察、法院的司法权和环境行政管理部门的准司法权——行政执法权。

（2）环境资源管理主体的义务。环境资源管理主体的义务又称之为职责。主要包括以下两个方面：

①管理性义务。即为建立和保持正常生产和生活所必需的环境与资源保护法律秩序的总和。如制定法律法规，管理各种开发利用环境的活动，管理各种污染和破坏环境的活动等。

②服务性义务。即为保护和改善环境创造各种条件的义务的总和。如进行环境保护的宣传教育，推广先进的环境保护工艺流程，提供污染治理设施等。

2. 受控主体的权利和义务

（1）受控主体的权利。受控主体的权利主要包括：

①参加环境资源管理权。主要是对环境与资源保护法律法规的制定进行讨论和建议，对环境资源管理工作进行批评、监督以及参与具体的环境管理活动的权利。

②环境资源使用权。即受控主体拥有的使用环境资源的权利。如对自然资源的开发利用、对环境质量的保护改善以及在健康优美的环境中生存的权利等。

③保障权。即受控主体在开发利用和保护改善环境的过程中，有得到国家环

境资源管理机关的支持和保护的权利。如公民和社会组织的财产在遭受环境污染和破坏时，有权请求国家机关给予保护。

④受益权。即受控主体在开发利用环境资源过程中，享有法定利益的权利。包括两个方面：一是在直接开发利用和保护改善中享有获得相应收益的权利；二是享有保护和改善环境质量的环境效益权利。

⑤申诉和控诉权。即在与环境资源管理机关发生争议和受到违法处理后，有通过正当合法渠道寻求救济的权利，以及在环境权益受到侵害后有依法寻求司法救济的权利。

（2）受控主体的义务。受控主体的义务主要包括：

①遵守和维护环境与资源保护法律秩序的义务。环境与资源保护法律秩序是服务于整个社会公共利益的，每一个公民和社会组织都应当自觉主动地加以维护，并协助国家环境资源管理机关履行法定职责。

②服从国家环境资源管理的义务。一切公民和社会组织都应服从国家管理机关的管理。即使对管理行为的合法性有争议，也应当通过法定程序由有关机关认定，不得擅自否认管理决定的确定力和约束力。

③服从制裁的义务。如果受控主体未能履行义务或故意、过失地违反法律，应当服从有关国家机关的处理，接受国家对其违法行为的否定性评价，以恢复被破坏的环境与资源保护法律秩序。

（三）环境与资源保护法律关系内容的特征

环境与资源保护法律关系的内容具有如下特征：

第一，权利和义务的具体内容都与开发、利用、保护、治理环境资源有关，即都离不开环境资源。也就是说环境与资源保护法律权利义务关系同时反映了人与人的关系和人与自然的关系。

第二，权利义务既是把环境与资源保护法律关系中的主体双方联结起来的纽带，又是把环境与资源保护法律关系中的主体和客体，即人与环境资源联结起来的纽带。

第三，各种主体的权利义务既不均衡，也不对等。如有一些环境法规侧重于规定管理主体的权利与义务，而很少为受控主体设定义务，而有的环境法规则侧重于规定受控主体的义务。这种权利义务的不均衡和不对等正是环境与资源保护法实现其环境资源保护的需要，因为不可能出现由平权者的一方来引导和管理另一方。这种现象反映了从传统个人权利义务观向社会权利义务观的发展，是环境与资源保护法对法理的一大贡献。

四、环境与资源保护法律关系的客体

（一）环境与资源保护法律关系客体的概念和种类

环境与资源保护法律关系的客体，是指主体的权利和义务所指向的对象，又称权利客体或义务客体。法律关系的客体一般包括物、行为、精神财富和其他权益。环境与资源保护法律关系的客体也不例外，但能反映环境与资源保护法律关系特点的主要客体是环境资源（物）和对环境资源有影响的行为。

1. 环境资源

表现为自然因素的各环境要素或资源，即环境与资源保护法的保护对象；表现为物质实体的各种污染物质和现象，如工业"三废"和动植物病虫害等，即环境与资源保护法的防治对象；还有构成污染源或防治污染、保护环境的工程设施等其他物质。

2. 环境资源行为

环境资源行为是指环境与资源保护法主体在开发利用和保护改善环境资源的过程中，为达到协调人类与环境关系的目的而进行的有目的、有意识的活动。它包括管理主体的监督管理行为和受控主体防治污染和生态破坏、保护和改善环境的实施行为（包括各种开发、利用、保护、改善环境资源的行为，污染防治行为和管理环境资源的行为）。

（二）环境与资源保护法律关系客体的特征

第一，作为环境与资源保护法律关系客体的环境资源具有强烈的生态性。民事法律关系和经济法律关系上的物都具有经济性和物质利益性特征，而在环境与资源保护法律关系中，各环境要素的生态效益是第一位的。因此，环境与资源保护法为实现自身的立法目标和宗旨往往是要实现环境效益、经济效益和社会效益的统一结合。

第二，环境资源行为是环境与资源保护法律关系的最重要、最经常的客体。环境与资源保护法主要调整由国家干预的环境社会关系，而环境与资源保护法对此类关系的调整，是通过制定相关的法律法规，规定管理机关的职权以及实施这些职权来实现的。同时，人们对环境资源的开发利用又是与社会经济发展密不可分的，对环境资源的保护反映在社会经济活动的各个方面，因此，环境资源行为是环境与资源保护法律关系最重要和最经常的客体。

五、环境与资源保护法的适用范围

法律的适用是指法律在社会实际生活中的具体应用和实现。法律的适用范围是指法律对什么人、对什么事、在什么地方和在什么时间适用。环境与资源保护法的适用范围分为适地范围、适人范围、适事范围与适时范围。

（一）适地范围

环境与资源保护法的适地范围是指环境与资源保护法的地域适用范围。我国环境与资源保护法的适地范围是指我国环境与资源保护法在哪些地域中可以得到适用，具体地讲，我国环境与资源保护法的适地范围主要有三种类型：

1. 适用于我国管辖的全部领域和我国管辖的其他海域

如《海洋环境保护法》第 2 条第 1 款规定，它适用于我国内水、领海、毗连区、专属经济区、大陆架以及我国管辖的其他海域。

2. 适用于我国管辖海域以外的区域

如《海洋环境保护法》第 2 条第 3 款规定，在我国管辖海域以外，造成我国管辖海域污染的，也适用该法。对在公海上因发生海难事故而造成我国管辖海域重大污染或者具有污染威胁的船舶、海上设施，国家海事行政主管部门有权采取与实际的或者可能发生的损害相称的必要措施。这表明在一些特定的情形下，我国环境与资源保护法具有域外效力，可以对发生在我国管辖范围以外的行为或事件进行调整。

3. 具体的环境保护法律所规定的适用地域范围

我国的环境与资源保护法可分为环境与资源保护基本法、区域开发整治法、自然资源与生态破坏防治法、污染防治法、特殊区域环境保护法、防震减灾法等，其中具体的污染防治法一般都规定了该法律适用的地域，如《中华人民共和国水污染防治法》（以下简称《水污染防治法》）第 2 条规定，它适用于我国领域内的江河、湖泊、运河、渠道、水库等地表水体及地下水体的污染防治，不适用于我国海洋的污染防治。

此外，对于我国台湾、香港、澳门的环境与资源保护法，它们只能在本行政区域的特定范围适用；我国各省、自治区、直辖市、各省会城市及国务院规定的较大的市制定的地方性法规、行政规章，均只能在本行政区域内适用。

环境与资源保护法的适事范围是指环境与资源保护法对什么行为或事件有效。从总体而言，环境与资源保护法适用于所有对环境有影响的活动，包括开发、利用、保护、改善、治理、管理环境的各种活动。就某一单行环境与资源保护法律而言，则有不同的适事范围，如《中华人民共和国大气污染防治法》（以下简称《大气污染防治法》）第1条规定：为保护和改善环境，防治大气污染，保障公众健康，推进生态文明建设，促进经济社会可持续发展，特制定本法。这表明《大气污染防治法》的适事范围是针对大气污染防治过程中所产生的法律关系进行法律调整。

（二）适人范围

环境与资源保护法的适人范围是指环境与资源保护法对什么人有效。一般而言，只要自己的行为对环境产生了影响并能引起环境法权的缺损，任何社会主体都可能属于环境与资源保护法的适人范围。我国的环境与资源保护法律一般把环境与资源保护法的适人范围概括为单位和个人。单位是一种社会组织，包括法人和非法人组织。如《海洋环境保护法》第2条第2款规定：在中华人民共和国管辖海域内从事航行、勘探、开发、生产、旅游、科学研究及其他活动，或者在沿海陆域内从事影响海洋环境活动的任何单位和个人，都必须遵守该法。但享有外交豁免权的外国人在我国境内污染、破坏环境而必须承担刑事责任则应通过外交途径解决。另外，由于我国参加的一些国际环境公约，如1969年《国际干预公海油污事故公约》和1973年《干预公海非油类物质污染议定书》规定，如果在公海上发生污染事故可能对沿海国造成严重污染时，有关沿海国有权采取必要的符合危害程度的干预措施。根据这些国际环境条约的规定，我国环境与资源保护法可以适用于对我国海域造成严重污染的外国人。

（三）适时范围

法律的适时范围是指法律何时生效、何时终止效力以及法律对其颁布实施以前的事件和行为有无溯及力的问题。环境与资源保护法的适时范围包括环境与资源保护法律的生效时间、终止时间以及环境与资源保护法律的溯及力三个方面。

环境与资源保护法律的生效时间有两种类型。其一，法律通过之日即发生法律效力。例如，《中华人民共和国水土保持法》（以下简称《水土保持法》）于1991年6月29日由七届全国人大常委会第二十次会议通过，并于通过之日实施。其二，法律在通过之日公布，但规定另外的生效时间。例如，《中华人民共和国矿产资源法》（以下简称《矿产资源法》）于1986年3月19日通过，但该法第53条却规定："本法自1986年10月1日起施行。"

环境与资源保护法的终止时间有三种情况。其一，新法颁布实施后，旧法同时失效。例如，1991年6月29日通过并施行的《水土保持法》第42条规定：该法生效时，1982年6月3日国务院发布的《水土保持工作条例》同时废止。其二，旧法被修正，修正案明确规定了修正案的施行时间。其三，新法生效时间即为与之抵触的法律、法规或具体法律规定的废止时间。

法律溯及力是指新的法律颁布后对它生效以前所发生的事件和行为是否适用的问题。如果适用，就具有溯及力；如果不适用，则没有溯及力。法律一般只能适用于生效后发生的事件与行为，不适用于生效前发生的事件与行为，即法律不溯及既往。但是，法律不溯及既往的原则不是绝对的，法律一般同时还规定了从旧兼从轻的原则。我国的环境与资源保护法律通常没有溯及力问题的相关规定，但是对于环境刑事犯罪，依据《刑法》的有关规定，采取从旧兼从轻的原则。

第五节　国际环境法的主体

国际法的主体包括国家和政府间国际组织。在国际环境法中，国家和政府间组织是最主要的、没有争议的主体。另外，在国际环境领域中，非政府间的国际组织和个人是否可以成为国际环境法的主体还存在争论，但是他们对国际间环境保护的合作与协调起到巨大作用，因此也是不容忽视的。

一、国际

国家是国际环境法最基本的主体，也是国际环境法主体中具有完全权利、义务的主体。国家在国际环境法主体中占有重要地位还在于国家也是国际环境法责任主要的实际承担者。因此，国家对国际环境事务的实际参与和实践，对于国际环境法能否真正发挥作用有决定性的作用。

（一）国家在国际环境法律关系中的基本权利义务

根据国际法原理，国家享有的权利和义务由于其参加的条约不同而不同，但是基本权利和基本义务对于每个国家来说是一致的。在国际环境法中也是如此，各国家签订的相关国际环境法律、法规、协议不同，享有的权利和义务也有差别，但一些基本权利和基本义务是相同的。

国家主权原则是国际法中公认的一项基本原则，《各国经济权利和义务宪章》（1974 年联合国大会通过）第 30 条规定："每个国家对其全部财富、自然资源和经济活动享有充分和永久主权，包括拥有权、使用权和处置权在内，并且自由行使此项主权。"根据《人类环境宣言》（1972 年联合国人类环境会议通过）第二十一项原则，各国拥有按照其本国的环境与发展政策开发本国自然资源的主权权利是最基本的权利。享有这一基本权利的同时各国亦负有确保不致对其他国家的环境或其本国管辖范围以外地区的环境引起损害的责任。

国际环境问题的解决，更多的是要依靠各个国家履行义务、承担责任。正如著名的国际法、国际环境法学者基斯教授指出的那样，国际环境法的终极目的是为了全人类的利益，"……国家将行使源于人类共同利益而不是源于主权权利的职责……"①因此，在国际环境法领域，国家的义务尤为重要。《人类环境宣言》第七条规定："各地方政府和全国政府，将对在他们管辖范围内的大规模环境政策和行动，承担最大的责任……种类越来越多的环境问题，因为它们在范围上是地区性或全球性的，或者因为它们影响着共同的国际领域，将要求国与国之间广泛合作和国际组织采取行动以谋求共同的利益。"

国际环境法中，国家的最基本义务就是为解决人类环境问题，采取国内、国际间的有效政策和行动。

（二）国家在国际环境事务中的作用

《人类环境宣言》《里约环境与发展宣言》等国际文件对国家在国际环境事务中担负的任务及应起到的作用都作了相应的规定。

1. 制定本国有效的环境立法

各国应制定关于污染和其他环境损害的责任和赔偿受害者的国家法律，委托适当的国家机关对国家的环境资源进行规划、管理或监督，以期提高环境质量。环境标准、管理目标和优先次序应该反映它们适用的环境与发展范畴。在人口增长率过高或人口过分集中可能对环境或发展产生不良影响的地区，或在人口密度过低可能妨碍人类环境改善和阻碍发展的地区，都应采取不损害基本人权和有关政府认为适当的人口政策。

2. 促进环境保护科学研究

必须促进各国，特别是发展中国家的国内和国际范围内从事有关环境问题的科学研究及其发展。在这方面，必须支持和促使最新科学情报和经验的自由交流以便解决环境问题；应该使发展中国家得到环境工艺，其条件是鼓励这种工艺的广泛传播，而不成为发展中国家的经济负担。各国应当合作加强本国能力的建设，以实现可持续的发展，通过开展科学和技术知识的交流来提高科学认识，并增强

---

① [法] 亚历山大·基斯. 国际环境法 [M]. 北京：法律出版社，2000.

各种技术，包括新技术和革新性技术的开发，适用、修改、传播和转让。

3. 开展环境教育

为了更广泛地扩大个人、企业和基层社会在保护和改善人类各种环境方面提出开明舆论和采取负责行为的基础，必须对年轻一代和成人进行环境问题的教育，同时应该考虑到对不能享受正当权益的人进行这方面的教育。

4. 缔结国际环境条约

各国应迅速并且更坚决地进行合作，进一步制定关于在其管辖或控制范围内的活动对在其管辖外的地区造成的环境损害的不利影响的责任和赔偿的国际法律。人类及其环境必须免受核武器和其他一切大规模毁灭性手段的影响。各国必须努力在有关的国际机构内就消除和彻底销毁这种武器迅速达成协议。各国应进行合作，以进一步发展有关他们管辖或控制之内的活动对他们管辖以外的环境造成的污染和其他环境损害的受害者承担责任和赔偿问题的国际法。通过条约创立国际组织，各国应保证国际组织在保护和改善环境方面起协调的、有效的和能动的作用。

5. 筹集环境保护资金

应筹集资金来维护和改善环境，其中要照顾到发展中国家的情况和特殊性，照顾到他们由于在发展计划中列入环境保护项目而需要的任何费用，以及应他们的请求而供给额外的国际技术和财政援助的需要。

二、政府间国际组织

在国际法中，国际组织特指国家间或政府间国际组织。对于国际组织的主体地位，国际法理论上一般认为，国际组织在一定范围和一定条件下具有主体资格。国际组织主体地位的确立起源于第二次世界大战之后，当时国际组织数量不断增加影响力也日益扩大。目前在国际环境法领域，重要的国际组织大致可以分为三类：联合国系统的全球性国际组织、区域性国际组织以及根据国际环境条约建立的国际组织。

（一）政府间国际组织在国际环境法律关系中的权利义务

与国家相比较，国际组织的主体地位具有特殊性，即它对国际环境法律关系的参与是有限的，其活动范围不能超越组织章程的规定。但作为独立的国际法主体，国际组织享有缔约权、使节权、赔偿权等权利，同时，"种类越来越多的环境问题，因为它们在范围上是地区性或全球性的，或者因为它们影响着共同的国际领域"，将要求国际组织负有"采取行动以谋求共同的利益"的义务①。

（二）政府间国际组织在国际环境事务中的作用

政府间国际组织在错综复杂的国际环境问题的协调与处理中发挥着不可替代的作用。《人类环境宣言》指出："各国应保证国际组织在保护和改善环境方面起协调的、有效的和能动的作用。"国际组织在国际环境事务中的作用主要有：

1. 国际环境事务的磋商

环境问题日益演化为全球性的问题，国家虽然在全球环境问题中承担着重要的责任，但是国家之间如何更好地进行协调十分关键。各种各样的国际组织提供了国家间环境合作与协调的最佳场所。例如作为全球最大的国际组织，联合国各个不同的机构每年都要从沙漠化、气候变化、森林减少等环境问题出发，进行成员国之间的协调、统一。

2. 收集和发布环境信息

环境信息包括最新的环境状况、环境问题、环境政策、科学情报、经验、环境工艺等与环境相关的知识。在国际环境保护中，信息的收集、发布和交流十分关键，这一作用分为两个层面。一方面，国际组织成为环境信息的交换中心，国家间可以互相取得一些国际项目、研究成果、环境状况等方面的信息。另一方面，国际组织往往会把这些信息作综合的分析，然后对外进行发布，例如联合国环境规划署的年度报告。

3. 促进国际环境立法

在当今国际环境法的法律渊源中，相当大的部分来自国际组织的立法。例如，条约是国际环境法的主要渊源之一，国际环境保护领域重要的条约，如《保护臭氧层公约》《联合国海洋法公约》《生物多样性公约》等，其起草、谈判、发布、管理等整个过程都与国际组织密不可分。此外，国际组织的大会宣言、决议、行

---

①王铁崖．国际法 [M]．北京：法律出版社，1995．

动计划等"软法"也成为国际环境法的有机组成部分,如《里约环境与发展宣言》《人类环境宣言》等重要的国际环境法律文件。

4.国际环境法执行保障及争端解决

作为国际环境立法的中坚力量,国际组织还有力地保障了国际环境法的实施。环境条约的秘书处负责监督成员国履行条约的状况,成员国也有义务定期或不定期地向条约秘书处报告履行情况,秘书处则向成员国大会进行报告。[1]一些国际组织,例如国际法院、国际海洋法法庭等,本身即是国际环境争端解决的裁判机关;另外一些国际组织自身也设立争端解决机构,在其职权范围内负责解决争端。

5.提供金融、技术等方面的支持

国际环境保护事业的顺利开展需要各方面工作的配合。例如世界银行的业务活动中很重要的一项即是致力于环境保护。对环境的重视已经贯穿到世界银行的各项业务活动中:为确保其贷款项目不会对自然环境造成危害,所有项目都要经过认真审查以确定它们是否会危害环境;对可能有危害的项目要做环境评价;而且世界银行还针对此类项目采取特殊措施以避免对环境造成破坏。技术方面如国际标准化组织,为国际环境保护提供了重要的空气、水、土壤等环境标准。

三、非政府间国际组织和个人

非政府间国际组织和个人严格意义上讲不能作为国际法上的主体,但是他们对国际环境法的发展也发挥着不可忽视的作用。

(一)非政府间国际组织

《21世纪议程》指出,"非政府组织……在对于执行和审查整个《21世纪议程》中所设想的无害环境而具社会责任感的可持续发展特别重要的领域具有已得到确认的多种经验、专门知识和能力","非政府组织成为一个全球联络网,对于这个联络网,应加以利用、充实和加强,以支持实现这些共同目标的努力。""为了确保充分发挥非政府组织可能的作用,应在为了执行《21世纪议程》所批准的机构和所设计的方案中促进国际组织、国家和地方政府及非政府组织间尽可能充分

---

①王曦.国际环境法 [M] 北京:法律出版社,1998.

的联系和合作。"由此可见，非政府间国际组织在国际环境法中发挥的作用绝对不可小视。

非政府间国际组织对国际环境法的作用表现在以下几个方面：第一，促进国际环境立法。有的非政府间国际组织直接发起、参与国际环境立法，如《世界自然宪章》就是由国际自然保护同盟起草的。有的参与到国际环境立法的过程中，《生物多样性公约》《联合国气候变化框架公约》及《京都议定书》《防治荒漠化公约》等环境条约的起草工作都有非政府组织的参与。第二，监督国际环境法的实施。非政府间国际组织虽然没有强制力，但是它们的监督作用却能够唤起人们对破坏环境行为的义愤，从而达到督促国际环境法的实施。例如，1995年绿色和平反对法国核试验的行动得到了国际很大的回响。全球超过700万人签名反对核试。一连串的行动最终促使了法国、英国、美国、俄罗斯及中国签署禁止核试条约。第三，为国际环境法进行宣传、教育工作。非政府间国际组织通过采取各种形式的宣传活动，向人们宣传环保知识，呼吁全球为保护、改善地球的环境而努力。

（二）个人

虽然国际法通说认为，个人不能成为国际法的主体，但是在国际环境法中，个人也发挥着一定的能动作用。1983年11月25日，巴拿马籍"东方大师"号油轮运载原油在我国沙礁触礁，泄漏原油3343吨，造成青岛港及其附近海域污染。中国人民保险公司青岛分公司向油轮的船东保险协会提出索赔，该保险协会做出了一定的赔偿。环境保护要靠每个人的亲身参与，1982年《内罗毕宣言》指出，"在促进环境保护工作中，必须每个人负起责任并参与工作。"无论是国家、政府间国际组织，还是非政府间国际组织、个人，都必须为维护人类共同的家园而做出努力。

第三章　国际环境资源法基本原理

　　本章是对国际环境资源法的基本原理论述，涉及许多概念和相关基本内容，可以加深我们对国际环境资源法的深入理解，国际资源形势不断变化，我们在学习的基础上更要去探索，有更广阔的视野。

第一节　国际环境资源法相关概念

　　20 世纪中叶以来，国际法有了很大的发展，其突出的表现之一就是调整范围不断扩大，出现了许多新领域，国际环境资源法便是国际法在蓬勃发展中孕生的一个重要的新领域。历史地看，国际环境资源法作为现代国际法的一个特殊分支或新的部门法，主要是随着环境问题的全球化以及国际社会为了有效应对"全球公域"面临的日趋严重的环境问题，而在全球环境保护合作的基础上产生和发展起来的。和国内环境资源法相比，国际环境资源法是以人类赖以生存的整个生物圈为保护客体，以全人类共同的生存利益为保护目的的。这决定了国际环境资源法主要是关于国家和国际社会成员之间在开发、利用、保护和改善环境方面的法律规范和制度。它不仅反映了各国际法主体在环境保护利益上的一致性，同时也是各国际法主体在环境保护方面协调一致的产物。

　　国际环境资源法就是指，用以调整国际法主体之间基于国际环境资源的开发、利用、保护和改善所形成的国际环境关系的各种原则、规则和制度的总体。作为有关环境保护的国际法律规范，国际环境资源法的主要目的是为了人类的共同利益而保护和改善地球环境，以维持其自然生态系统的功能。其实，不论怎样去界定国际环境资源法的概念，想要对其达到充分而又全面的理解，我们认为至少可以从以下几个方面去认识和把握：

一、从内容上分析

国际环境资源法主要是关于控制环境污染和防治自然破坏的国际法规范。

随着科学技术的进步和经济社会的快速发展，人类变革自然的实践活动无论在广度上还是深度上都达到了空前的程度，由此而产生的环境问题也已经从一国内的严重的污染和生态破坏，发展成为超越主权国家的国界和管辖范围的区域性的和全球性的环境问题。这些广域的环境问题日益威胁着整个人类的生存和发展，已成为全世界共同面临的重大危机。例如，全球气候变化、臭氧层耗损、酸雨污染以及生物多样性减少、淡水短缺、森林破坏、土地荒漠化、海洋污染和破坏、有毒化学品和危险废物越境转移等都是当前面临的重大问题。

正如《人类环境宣言》所指出的，面对"越来越多的环境问题，因为它们在范围上是地区性的和全球性的，或者因为它们影响着共同的国际领域，将要求国与国之间广泛合作和国际组织采取行动以谋求共同的利益"。①正是在这个基础上，国际社会经过不懈努力通过了一系列保护和改善环境、防止污染和破坏的国际立法。例如，在国际大气环境保护方面，国际社会在全球和区域两个层次上签订了一些条约，以期共同采取国际法律措施来有效应对大气环境的恶化。这些条约主要包括：《长程越界空气污染公约》及其议定书、《保护臭氧层维也纳公约》及其议定书、《联合国气候变化框架公约》和《京都议定书》等。

在国际海洋环境污染控制方面，国际社会通过的立法条约既有全球性公约，又有区域性公约，其中全球性公约中最为重要的就是1982年的《联合国海洋法公约》。就国际海洋环境保护而言，《海洋法公约》不仅为各国利用和保护海洋资

---

① 《联合国人类环境宣言》，引言，第7部分。

源的行为确立了必须遵守的国际法原则和义务，而且它对各国保护海洋环境规定了基本的法律制度和要求。在国际生物资源保护的立法方面，较为重要的全球性公约有 1973 年的《濒危野生动植物物种国际贸易公约》。该公约的宗旨是，"为了保护某些野生动物和植物物种不致由于国际贸易而遭到过度开发利用"。①另外，《生物多样性公约》也是国际旨在保护地球生物多样性的法律文件，它为生物资源和生物多样性的全面保护和持续利用建立一个法律框架。

二、从调整对象上分析

国际环境资源法主要是规范国际法主体在开发、利用、保护和改善环境资源中所形成的各种国际关系的法律规范。

调整对象的特定性是国际环境资源法区别于其他部门法的主要标志。从国际环境资源法的实际内容上看，被国际环境资源法所调整的国际环境关系主要包括三方面的内容：

一是虽处于一国管辖，但却具有国际意义的环境关系。例如，世界文化遗产和自然遗产（诸如中国的长城、泰山、敦煌莫高窟等人文自然遗迹）的法律保护问题。尽管这一类"世界遗产"处于各国主权管辖范围之内，但由于它们是人类几千年甚至更长时期文明发展的珍贵历史遗产，其意义已完全超越了民族国家的一隅之地而具有了世界性，因而这类环境与资源不仅受国内环境法调整，当然也受国际环境资源法的规范与调整。从这个意义上看，国家只不过是这些遗产的管理者和保护者而已。

二是局部或区域国家间有关的国际环境关系。例如，因跨界河流的不当使用而造成的污染损害而产生的国际环境关系等。

三是在不属于任何国家管辖范围之内的国际公共区域（人类共有物,如公海）所产生的国际环境关系。依据传统国际法，一国有权自由开发利用其管辖范围内的环境资源，毫无疑问，这是一国之排他性主权权利所使然。②然而，一国在开

---

①《濒危野生动植物物种国际贸易公约》，序言。

②其实这种依据主权的自由开发利用行为也是相对的。例如，按照《人类环境宣言》第21条对国际环境法领域有关国家权利义务的规定：各国有权按照自己的环境政策开发本国的资源，同时也有义务保证其管辖或控制下的活动，不致损害他国的环境或属于国家管辖范围以外地区的环境。

发利用不属于任何国家或国际组织管辖范围内的环境和资源时，却不是任意的、不受限制的。国际环境资源法之所以要对这部分开发利用环境资源的国家行为进行规制，其根本目的即在于保证地球公域的环境资源能够被持续开发和利用。

另外，调整对象的广泛性也是国际环境资源法的一个重要特点。一般而言，凡是与开发、利用、保护和改善环境有关的国际关系，不论其属于国际政治关系还是国际经济关系，抑或属于其他领域的国际关系，都在国际环境资源法的调整范围之列。当然，从法律的调整机制上看，国际环境资源法对国际环境关系的法律调整，主要是通过创设、维持或以认可国际法主体之间在开发、利用、保护和改善环境方面的权利义务关系来实现的。

三、从本质上分析

国际环境资源法是国际法主体在国际环境保护领域意志协调的产物。

从本质上看，国际环境资源法是国际法主体间在开发、利用、保护和改善国际环境事务方面意志协调的产物。之所以这样说，是因为作为国际法的分支，国际环境资源法的本质及其效力的根据在于它体现了国际法主体之间在国际环境保护事务上的协调意志，或经过协调后的"共同意志"（common will）。正因为如此，我们才认为，国际环境资源法作为调整国家和其他国际法主体之间基于国际环境保护关系而产生的各种原则、规范和制度的总体，其主要是在现代政治、经济、文化以及科学技术等各种因素错综复杂的变革条件下产生和发展起来的。作为有法律约束力的行为规则，同国际法一样，国际环境资源法"是适用于国际社会的法律，由国家作为主要的法律主体，以国家的共同制定或认可作为立法方式，以国家单独的或集体的强制措施作为实施的保障"。[①]

随着国际环境资源法的出现和不断发展，"共同意志"毫无疑问是国际法作为法律系统的依据，而且这种共同意志也将会随着国际环境事务的不断增加和扩大而日益加强。[②]在国际环境事务中，"各国之所以能够达成协调意志，在于各国

---

①王曦．国际环境法 [M]．北京：法律出版社，2005．

②举例来说，正是随着全球环境问题的不断升级，才导致了一些重要国际环境保护会议的召开和大量有关国际环境保护方面的纲领性公约和特定领域国际环境保护法律文件的产生。这便可以说是当今国际环境资源法主体之间，在国际环境保护方面意志协调的一个最好的证明。

可以通过这种国际间权利义务的分配获得本国所需要的某种利益或其生存和发展的必要资本"。①其实,这一点并不难理解。从国际环境资源法产生和发展的历史看,尽管各国的生产力发展水平不一样,面对的自然资源和环境条件各不相同,所处的经济基础也存在较大的差异,但世界各国共存于一个地球的事实决定了各国之间的相互依赖性。因此,当"我们决定在世界各地的行动时,必须更加审慎地考虑它们对环境产生的后果。由于无知或不关心,我们可能给我们的生活和幸福所依靠的地球环境造成巨大的无法挽回的损害"。为了人类共同的未来,各国必须在经济社会的发展和环境保护方面取得一致。由此,各国有了协调其利益和意志的必要性和可能性。

当然,需要明确的是,共同意志并没有也不可能消除差异。事实上,共同意志下的利益纷争和矛盾冲突还可能更为激烈。例如,当今世界在应对全球气候变化问题上形成的举步维艰的格局就是一个很好的证明。围绕着碳减排责任的分担、资金援助和技术转让问题,目前世界各国分歧严重,争吵不休。从各国内部形势看,对短期经济利益的追逐和对传统经济发展模式以及能源消费习惯的路径依赖,使得减排行动推进困难。无论国外还是国内,在过去和当下纷繁复杂的环境中,由于短视和自利还在主宰着激烈的利益博弈,因而在应对气候变化的实际行动中,如何有效地约束发达国家履行其在国际协定下的承诺,促进发达国家和发展中国家更有成效地携手抑制气候变化,已成为气候变化问题取得实质性突破的一个关键步骤。显然,面对全球环境问题,为了人类的共同利益,发达国家和发展中国家只能暂时搁置社会制度、经济结构以及环境资源状况等方面的差异和各种利益上的矛盾冲突,而不得不从求"大同"存"小异"的全局出发,最终达成保护人类环境的共同意志。这样看来,国际环境资源法的任务并不是为了消除差异,而是试图在不同的差异间找到彼此可以相互尊重并有利于问题解决的平衡点或折中方案,找到能够被各方都相互认同和彼此接受的妥协方案,如是而已。

---

① 万霞. 国际环境保护的法律理论与实践 [M]. 北京:经济科学出版社,2003.

四、从法的形式渊源分析

国际环境资源法主要是调整国际间环境保护关系的行为规范的总称。

国际环境资源法有狭义和广义之分。狭义的国际环境资源法的行为规范主要来源于环境保护的国际公约（双边或者多边国际协定）和国际习惯（这被认为是国际环境资源法的主要渊源）。广义的国际环境资源法的行为规范还包括与环境保护有关的一般法律原则、司法判例、国际法学说以及有关国际会议和国际组织的宣言、决议、行动纲领、行动计划等（这被认为是国际环境资源法的辅助渊源）。

五、从目的上分析

国际环境资源法旨在通过保护地球环境，使人类社会得以在与自然的和谐相处中持续发展。

目前，关于国际环境资源法的目的主要有"直接目的说"和"终极目的说"两种主张。直接目的说认为，国际环境资源法的直接目的，"是在国际社会建立一个有利于人类社会和自然的持续发展的新的国际法律秩序。各国人民，不论其在种族、国别、经济、地理、文化等方面存在多大差异，都无一例外从这种国际法律秩序中得到巨大的和根本的惠益——人类生存条件的改善和保持"。终极目的说认为，国际环境资源法的终极目的"是为了人类共同利益，各国应当为服务于这个利益而合作"。[1]保护环境之所以是全人类共同关切的事项，是因为地球环境是人类和地球上其他生物共同的生存家园，而所有的生命都有赖于自然系统的功能维持不坠，以保证能源和养料的供应。因此，"为了今世后代的利益，对于地球的自然资源，包括空气、水、陆地、植物和动物，尤其是自然生态系统的代表性标本，应根据需要通过认真规划或管理予以保护"。[2]正是在这个意义上我们说，国际环境资源法是建立在"地球一体"概念上的、以全球环境保护为视野的国际法新领域。

---

① [法]亚历山大·基斯.国际环境法.张若思译[M].北京：法律出版社，2000.
②《斯德哥尔摩环境宣言》，原则 2。

这样看来，国际环境资源法的目的是明确的，即首先通过调整国家间在环境保护方面的国际关系，来达到防治和解决环境问题之目的，包括最大限度地减少不可再生资源的消耗、保护地球生物的多样性和生命力等；其次，为今世后代的福祉而保护和改善环境，包括改善人类环境质量，保护人体健康，促进人类社会的持续发展和和谐进步，实现世代间公平。

第二节　国际环境资源法的产生与发展

一、国际环境资源法的产生原因

同其他任何事物一样，国际环境资源法并不是从来就有的，它的产生并非人类思想超前的无"因"之果，更不是人们凭空想象和主观臆断而有意为之的产物，而是面对人类经济、社会发展过程中的严峻"情势"，国际社会所作出的迫不得已的选择。这个情势不是什么别的东西，而是世界经济和社会的失衡和无序发展，导致生态系统基本平衡被破坏，从而带来全球性的环境危机。从国际层面上的环境保护行动来看，当人类意识到只能用国际协作的方法来制止迅速向全世界蔓延的环境损害的时候，环境问题的处理也就成了世界共同的命题。从这个意义上说，国际环境资源法的产生，正是国际社会为了有效应对全球性环境问题而采取的制度上的因应策略。它的产生既离不开人们对环境和环境问题的深刻认识，更离不开因环境问题的严峻挑战而迫使国际社会必须携手解决这一世界难题的现实要求和共同努力。正如有学者所指出的那样，"国际社会关系是国际环境法存在和发展的根源，如果不进入该领域，要回答国际环境法作为整体为什么对国际社会产生拘束力，是不可能的"。①因此，国际环境资源法的出现，自然离不开其得以产生和发展的社会根基。这也就是说，要想真正认识国际环境资源法的历史发展，就必须要将认识问题的触角深入到其产生和发展的社会基础之上，并设法从中去寻找问题的答案。

既然认识问题的方法找到了，那么导致国际环境资源法产生的原因，我们主要可以从以下三个方面去认识：

①[英]詹宁斯，瓦茨．奥本海国际法，王铁崖．等，译[M]．北京：中国大百科全书出版社，1995.

（一）客观角度

国际环境资源法的出现源自环境问题的国际化以及国际环境关系的客观存在。毫无疑问，环境对于任何一国而言都是至关重要的。一个国家，无论其采取什么样的社会制度，也无论其经济社会的发展水平如何以及科技进步能够达到什么样的发达程度，它的一切存在总是离不开其领土和领土上的环境这个立国之"本"的。从环境问题产生和发展的历史看，各国在近现代发展的历史中，都会遇到或多或少、或轻或重的环境问题。无论这些环境问题产生的根源出自何处，但总体上来看，这些早期的环境问题对人类生存和发展产生的影响主要还是局部的、暂时的和非根本性的。然而，地球上所有的水域都是相通的，大气环流作用又使地球上任何一个地方的空气污染都不可能滞留在一隅之地。地球的整体性和相互依赖性已经表明，环境问题早已不再是一个孤立的事件，发生在任何国家和地区的生态破坏和环境污染都可能带来不可抗拒的全球性后果。而今，全球性生态环境问题的出现和不断恶化，正是由无数国家和地区的环境污染和资源破坏累积而成的。尽管在当今世界还有本位主义、地方主义和种族中心主义的禁锢；尽管还有相当一部分人仍缺乏全面看待问题的能力；尽管在自我发展和全球环境保护行动之间还存在片面的观点和主观的认识，然而在世界性的大气和水体污染、酸雨的威胁、土地荒漠化、生物资源的危机、臭氧层的破坏等这些环境问题面前，有一个不争的事实是无论如何也无法回避的，即严重的环境问题已经从国内走向国际，由区域性发展成为全球性，生态危机已经显现出了超越国家的全球化性质。

环境问题的国际化，不仅给国际关系带来了许多新课题，而且客观上也产生了很多需要国际社会共同应对来加以解决的现实性国际问题。例如，随着人类猎捕业的发展，迁徙动物和在边界区域栖息的野生动物的保护问题就引起相邻国家的重视，并被提上国际合作的议事日程。如为了保护在共同区域栖息的鸟类，奥匈帝国（1867–1918）与意大利于1875年签署了《保护鸟类的宣言》。再如，苏联切尔诺贝利核电站事故发生后，核活动造成域外损害的潜在威胁，引起了国际社会的强烈关注。为此，在国际原子能机构的主持下，国际社会在很短时间内完成了两项有关核活动的国际公约，即《核能事故及早通报公约》和《核事故或辐射紧急情况援助公约》。不仅如此，近年来国际上连续发生的由现代工业和科技活动引起的灾难性事故，如油轮在海上的溢油事故，造成大面积海域的油污，严重影响海洋生态环境和渔业资源；空间物体失控而坠入他国境内造成人身、财产的损害以及环境的污染；跨界水污染以及大面积的工业酸雨等所有这些可能产生跨界损害的问题，无不令世人震惊并引起国际社会的广泛关注。这时保护环境、防止跨界损害问题已成为国际社会的共同利益和共同责任，如何预防和减少跨界损害并致力于环境保护，已成为当今国际社会面临的重大任务之一。

事实证明，生态环境的破坏已不是一个国家或几个国家面临的现实问题，而是全球规模的人类共同问题。这类问题的解决除了必须具有超越国家政治主体的人类共同体意识，还必须通过国际协作方式由国际法律规范予以调整。过去，在一国内部，关于治理淡水、海洋和大气污染，保护某些区域的立法有很多，但是，人们很快不得不屈服于这样的事实，即仅仅靠国内的努力是不能保护环境的。河流、海洋、大气、野生动植物都没有国界，一个国家边界内的重大变化可以引起边界以外环境的改变，这种改变可能是对其他国家的领土，也可能是对公海。对于这样的威胁，唯一可以采取的应对方法就是世界范围的国际合作，显然，这样的合作需要依靠法律规则以及制定规则、促进并监督规则实施的国际机构。

（二）主观角度

国际环境资源法的产生反映了国际社会的共同要求。全球性的环境污染和破坏，使人类的生存和发展受到日益严峻的挑战，环境问题已成为全人类共同关心的重大问题。20 世纪 60 年代末，随着科学家发出越来越多的呼吁，公众也愈发强烈地认识到生物圈面临的危险。要求加强环境保护的舆论运动是前所未有的现象，它完全是自发的，虽然最初只得到少数政府的支持，然而，它从一开始就是全球性的。因此，在"生态时代"之初，这个没有组织的思想运动激起了社会广泛的共鸣。这表现在立法上，使得"环境保护法的投票表决在许多国家的议会都是一致通过"，这种情况在其他领域是罕见的。其实，这一点也并不难理解。因为，国际环境资源法是"建立在地球一体概念上的国际法新领域"，其立法的目的就是为了防止生物圈严重恶化和失去平衡以致不能发挥正常作用。因此，从本质上来看，它属于为人类共同利益而制定的那类规则。既然我们不否认环境保护涉及人类共同利益，那么"从我们承认人类共同利益是一个法律秩序的终极目的的那一刻起，这个秩序内的行为者就承担了实现这个目的的职责。因此，在国际环境法中，国家将行使源于人类共同利益而不是源于主权权利的职责"，①尽管国家并不是唯一承担这个职责的主体。正是在这个意义上，1972年《斯德哥尔摩宣言》宣布，"为今世后代保护和改善环境是全人类的职责"，②为此，"国家应采取一切可能的步骤防止危害人类环境、损害生物资源和海洋生物、破坏自然和谐或妨碍对海洋的其他合法利用的物质所造成的海洋污染"。③无疑，这里的一切可能防止环境损害的步骤，当然包括制定和"实施有关养护大自然和保护环境的国际法律规定"。显然，这些义务与国家为人类共同利益必须履行的职责相符。这样看来，国际社会在环境保护问题上的共同要求，大致可以解释为什么法律会对环境问题迅速作出反应。

法律必须适应环境的挑战。尽管从20世纪起，人们就已经对某些形式的污染或损害采取补救措施，如针对烟雾、噪音和水污染采取的措施，但都是零散的努力。环境保护的实践表明，试图通过国内的管理和调控来制止逐渐向他国蔓延或来自他国的污染和破坏，其收效甚微，而借助国际协作，效果则迥然不同。例如，欧洲的多瑙河，在河流分属沿岸各国各自管理的时期，污染的治理没有取得预期的效果，但当沿岸8国联合起来共同治污时，情况则大为改观。显然，一国国内的防治措施固然必不可少，但在面对国际环境保护方面，要使环境保护工作富有成效，就必须要取得其他相关国家的协作和支持。事实上，每一个沿岸国从各自利益出发，以"分"而"治"之的小尺度来对整个多瑙河这个大的生态系统进行管理，不仅难以取得预期的效果，而且更为重要的是，通过因边界划分而人为肢解生态系统的管理方法本身也是有违科学的。

（三）国际组织

国际环境资源法的产生，也得益于一些国际组织尤其是联合国的推动。国际组织作为国际环境资源法的参与者，不仅与国际环境保护活动有着极为密切的关系，而且始终是推动国际环境资源法发展的一支不可替代的重要力量。目前，大多数重要的国际环境保护活动都是在有关国际组织的组织和协调下进行的，许多

---

① [法]亚历山大·基斯. 国际环境法. 张若思 译 [M]. 北京：法律出版社，2000.
②《斯德哥尔摩宣言》，原则1.
③ [法]亚历山大·基斯. 国际环境法. 张若思 译 [M]. 北京：法律出版社，2000.

多边的环境保护条约也都是由有关国际组织发起并组织起草和签订的。另外，国际组织还通过研究各种环境问题进行环境保护的教育和宣传，提出制定国际法律文件的建议和科学依据，对国际环境保护活动和条约的实施进行组织、协调和监督，并开展和参与国际环境保护活动和国际环境保护立法活动。例如，国际环境资源法虽然是国际法的一个分支，但它却有许多重要的创新。一些法律渊源，如国际机构或会议通过的文件，尤其是《斯德哥尔摩宣言》和《里约热内卢宣言》，具有非常重要的意义，在国际法的发展中发挥了重要作用。

的确，国际组织对环境问题的介入标志着一个新时期的开始，如联合国欧洲经济委员会就对废物倾倒和淡水污染进行了许多研究。1968 年代表着一个转折点，联合国与两个区域性组织——欧洲理事会和非洲统一组织——都在环境领域迈出了决定性的一步。欧洲理事会于 1968 年春天通过了两个重要文件，即《控制大气污染宣言》和《欧洲水宪章》，这被认为是"国际组织制定的最早的环境法律文件"。虽然这两个文件申明的原则今天已经被普遍接受，但是在当时，人们甚至还没有普遍认识到水和空气是没有国界的。标志国际环境法初步形成的第二个事件就是 1968 年 9 月由非洲国家元首和政府签署的《非洲保护自然界和自然资源公约》。尽管当时对于生物圈面临的危险，工业化国家与第三世界国家在认识上存在着差距，但这个事件发生在非洲却被认为是"有趣的"。[1]1968 年，联合国也加入环境保护的活动中。例如，1968 年 12 月 3 日，联合国大会通过了一项关于召开"人类环境"的世界大会的决议。这一决定产生了强烈影响，尤其是在政府间国际组织中，几乎所有这些组织都意识到了环境问题的重要性。1972 年 6 月 5 日至 6 月 12 日联合国人类环境大会在斯德哥尔摩召开，经过讨论大会通过了许多重要的文件，尤其是《联合国人类环境宣言》和《环境行动计划》。这次大会是国际环境资源法发展史上的转折点，它对于法律发展的影响在于，越来越多的国际环境法律文件被起草和通过，国际环境资源法随之成为国际法领域中发展最迅速的一个分支。

---

① [法] 亚历山大·基斯. 国际环境法. 张若思 译 [M]. 北京：法律出版社，2000.

（四）传统国际法

传统国际法的局限，也是促成国际环境资源法产生的重要原因。新时期，国际关系的发展，客观上产生了一些亟待解决的现实性国际问题，这不仅使传统国际法面临诸多新的挑战，同时也在深刻地影响着国际法发展的动向。与整个环境法一样，国际环境法也是法学发展的新事物。可以认为，它真正产生于"二战"后的重建时期。①在这个时期，由于科技革命所带来的经济上的迅猛发展，在为人类社会的发展作出重大贡献的同时，也给国际社会带来了不少困扰和危险，如一些主要的工业国经济的失调发展带来了严重的环境污染，并开始向国外蔓延，严重威胁着人类的健康与全球生态系统的良性循环。这就要求有一套保护全球环境的国际法律规则。但是，直到50年代，传统国际法关于环境保护的规则几乎仍是一张白纸，关于防止环境污染的协定寥寥无几，关于自然保护的协定也凤毛麟角。国家即使签订了有限的保护生物资源的国际协定，也不能有效执行。国际法在执行全球环境保护任务方面的确不免捉襟见肘，一些原则和制度不得不接受严峻的考验。②因此，在已有的一些国际条约无法解决这些新情况、新问题的时候，通过协定制定新的条约，创设一些新的规则，或把已有的规则应用于新的条约就变得十分必要了。

例如，公海自由原则，一直以来被认为是国际法的一项古老的基本准则。1958年为《日内瓦公约》所重申的公海四大自由就包括海上航行自由、捕鱼自由、海底架设电缆及管道的自由和海上飞行自由。然而，自从国际环境问题出现之后，人们发现，公海自由原则其实对国际环境保护具有潜在的不利影响。如公海的自由利用，也带来了垃圾向公海肆意倾倒和处置、有毒有害物质向公海任意排放和丢弃的问题，这不可避免地会对海洋生态环境产生严重的损害。人们就要去思考怎样进行改变与革新。

---

① [法] 亚历山大·基斯.国际环境法.张若思 译 [M].北京：法律出版社，2000.
② 韩健，陈立虎.国际环境法 [M].武汉：武汉大学出版社，1992.

二、国际环境资源法的发展

(一) 国际环境资源法的逐步发展时期

1972 年斯德哥尔摩人类环境会议到 1992 年联合国环境与发展大会前。1972 年联合国人类环境会议是国际社会就环境问题召开的第一次世界性会议，标志着全人类环境问题意识的觉醒，也是国际环境资源法发展史上的第一个里程碑。在这次会议的推动下，国际环境资源法在其后的 20 年里获得了前所未有的发展。

联合国人类环境会议于 1972 年 6 月 5 日至 16 日在瑞典的斯德哥尔摩召开，有来自 114 个国家的 1200 名代表和一大批政府和非政府组织参会。会议的宗旨是 "取得共同的看法和制定共同的原则以鼓励和指导世界各国人民保持和改善人类环境"。会议的重要成果是，通过了著名的《人类环境宣言》(又称《斯德哥尔摩宣言》)、《人类环境行动计划》和《关于机构和资金安排的决议》三项不具法律约束力的文件。

《人类环境宣言》主要包括两个部分：一是宣布对 7 项原则的共同认识。这些共同认识可以概括为：对人类与环境之间关系的认识；对保护和改善环境的重要性和责任的认识；对人类改造环境的能力的认识；对发展中国家和发达国家不同环境的认识；对人口与环境保护关系的认识；对保护和改善人类环境的任务和目的的认识；对国际环境合作的认识。这些认识是国际社会在人与环境之间关系认识上的新发展和新飞跃，"它们不仅是《人类环境宣言》所宣示的 26 项共同原则的思想基础，而且为后来的国际环境保护事业和国际环境法的发展奠定了坚实的思想基础。"

《人类环境宣言》的第二部分公布了 26 项指导人类环境保护的基本原则。这其中的第 21~24 项原则与国际环境资源法的发展关系最为密切。例如，第 21 项原则指出："按照联合国宪章和国际法原则，各国有按自己的环境政策开发其资源的主权，并且有责任保证在他们管辖或控制之内的活动，不致损害其他国家或在国家管辖范围以外地区的环境"。这项原则一方面承认了国家对其自然资源所享有的主权权利 (这主要反映了发展中国家对本国自然资源主权的关心和维护)，另一方面又为国家在工业生产和资源开发过程中设定了维护他国或国际环境利益的义务。

原则 22 要求，在环境保护方面，"各国应进行合作，以进一步发展有关他们管辖或控制之内的活动对他们管辖以外的环境造成的污染和其他环境损害的受害者承担责任和赔偿问题的国际法"。该原则既确定了国家对污染受害者的环境法律责任和赔偿义务，又要求国际法应为跨界环境污染受害者提供获得法律救济的途径。

原则 23 要求国际环境标准的制定和适用必须照顾发展中国家的具体情况。原则 24 是关于国际环境合作和解决国际环境争端的基本原则，它要求各国在国际环境合作和环境争端的解决中，遵循平等和合作原则。

尽管《人类环境宣言》本身不具有法律约束力，属于"软法"的范畴，但是由于它反映了国际社会的共同信念，因而对国际环境资源法的发展产生了深远的影响。这主要表现在以下几个方面：第一，宣言不仅首次概括了国际环境资源法的原则和规则，而且其中的一些原则后来还成了国际环境条约中有约束力的原则和规则。第二，尽管这些原则和规则没有法律约束力，但是它们却为国际环境保护提供了政治和道义上所应遵循的规范。第三，宣言还为各国制定和发展本国国内的环境法提供了可以遵循和借鉴的原则和规则。

另外，在这里还需要提及的是，根据人类环境会议通过的关于机构和资金安排的决议，联合国大会决定在联合国内部设立一个新的机构——联合国环境规划署（UNEPU），联合国环境规划署是联合国系统内第一个也是唯一一个专门致力于国际环境事务的机构。它的职责主要有：促进国际环境合作，为联合国系统内的环境合作提供政策指导和协调，审查联合国开发计划署实施的联合国环境项目的报告，审查世界环境状况，促进环境科技情报的交流和审查国内、国际环境政策对发展中国家的影响等。联合国环境规划署是大多数环境条约的条约登记和保存机构，自成立以来，它为促进国际环境保护和国际环境资源法的发展发挥了重要作用。

人类环境会议不仅促进了国际环境条约的制定，事实上也有许多具有重要国际影响的环境保护国际条约随后被制定出来。从适用的范围看，这些条约主要涉及海洋、国际河流和湖泊、国际大气、危险废物、自然保护、社会文化环境、外层空间等。例如，在海洋环境保护方面主要有 1972 年的《海洋倾废公约》、1973 年的《防止船舶污染海洋公约》、1974 年的《防止陆源污染海洋公约》和 1982

年的《联合国海洋法公约》等。在国际河流和湖泊保护方面有 1992 年的《跨界水道和国际湖泊保护和利用公约》。在国际大气保护方面主要有：1979 年的《远距离跨界大气污染公约》、1985 年的《保护臭氧层维也纳公约》及其 1987 年的《蒙特利尔议定书》和 1990 年的修正案等。在危险废物控制方面有 1989 年的《控制危险废物越境转移及其处置的巴塞尔公约》。在自然保护方面主要有 1973 年的《濒危野生动植物物种国际贸易公约》、1977 年的《防止荒漠化的行动计划》、1980 年的《保护南极海洋生物资源公约》等。在社会文化环境保护方面有 1973 年的《保护世界文化和自然遗产公约》。在外层空间方面主要有 1972 年的《空间实体国际赔偿责任公约》、1975 年的《空间物体登记公约》和 1979 年的《月球协定》等。

总体来看，这个时期的环境保护条约不仅数量多，而且调整范围也更为宽泛。从条约的立法形式上看，不仅有针对特定问题的专项条约，而且还出现了一批涉及区域环境保护的条约和对环境保护作出全面规定的法典式的全球性公约（如《联合国海洋法公约》即为其典型），使得国际环境资源法的内容更为丰富。

另外，在这个时期，和环境有关的国际司法实践也有了进一步发展。主要的案例有：由国际法院审理的 1974 年冰岛与英国的"渔业管辖权案"、1974 年法国与澳大利亚间的"核试验案"；由关贸总协定争端解决小组审理的 1982 年"美国和加拿大金枪鱼案"、1988 年"美国加工鲱鱼案"和 1991 年的"墨西哥金枪鱼案"等。这些司法判例，作为确定法律原则的辅助方法，对国际环境资源法的形成和发展具有重要意义。

（二）国际环境资源法的全面深入发展时期

这一时期是从 1992 年联合国环境与发展大会到 2002 年联合国可持续发展世界首脑会议之前。1992 年联合国环境与发展大会（UNCED）是国际环境资源法发展历史上的第二个里程碑，它揭开了国际环境资源法发展的历史新篇章。

1987 年，世界环境与发展委员会（又称"布伦特兰委员会"）在对环境与发展问题进行深入研究的基础上，向联合国提交了一份题为《我们共同的未来》（又称《布伦特兰报告》）的研究报告。该报告建议联合国制定一项关于环境与持续发展的普遍宣言，并召开一次国际会议研究环境与发展问题，这为该会议的召开奠定了基础。1989 年 12 月，联合国大会通过决议，决定于 1992 年在里约热内卢召开联合国环境与发展大会，讨论环境与发展问题。

1992 年 6 月 3 日至 14 日，里约环境与发展大会召开。其宗旨是，要促进各国在可持续以及对环境无害的发展的前提下，制定各种战略和措施，扭转和终止全球环境恶化的趋势。①172 个国家的近万人参加了这次会议，其中包括 116 个国家元首或政府首脑。大会通过了三个不具法律约束力的文件和两个公约，文件即《里约环境与发展宣言》《21 世纪议程》《关于森林问题的原则声明》，公约包括《联合国气候变化框架公约》与《生物多样性公约》。

《里约环境与发展宣言》②（以下简称《里约宣言》）是联合国环境与发展大会的重要成果之一，它的主要内容是宣布了关于环境与发展问题的 27 条原则。与 1972 年《人类环境宣言》所反映的关于人类对环境问题的认识相比，《里约宣言》主要在四个方面作出了重要的发展。第一是在环境与发展的关系问题上的发展。《里约宣言》承认环境与发展是密不可分的，环境问题是阻碍可持续发展的重要原因。要保护和改善地球环境，人类就必须要解决因发展带来的环境问题，而其中最主要的就是消除贫穷、改变不可持续的生产和消费方式。第二是在国际环境合作问题上的发展。宣言主张各国应以一种伙伴精神进行合作，通过建立一种新的公平的全球伙伴关系，来共同应对人类面临的环境与发展问题。第三是在社会发展模式上的发展。宣言提出了一种新的人类经济社会发展模式，即可持续发展模式，为人类经济社会的未来发展指明了方向。第四是在环境退化的历史责任问题上的发展。宣言确立了在全球环境退化问题上，各国负有"共同但有区别的责任"。

在司法判例方面，1996 年国际法院应世界卫生组织要求发表了关于使用核武器合法性的咨询意见。1997 年国际法院又就匈牙利与斯洛伐克之间的多瑙河大坝的争议作出判决，承认在条约的执行中，应当考虑环境的影响。除此之外，还有 WTO 争端解决机制审理的环境纠纷，如 1997 年的美国精炼与常规汽油案。该案经审理，上诉机构认为，国内环境保护措施不得构成对国际贸易中的歧视和

---

①万以诚. 新文明的路标——人类绿色运动史上经典文献 [M]. 长春：吉林人民出版社，2000.
②《里约宣言》原名《地球宪章》，在大会期间经发展中国家提议而改称为《里约环境与发展宣言》。因为发展中国家担心"宪章"一词的提法会限制其对自然资源的主权和发展权，从而提议大会作出了修改。

变相限制。

（三）国际环境资源法的新发展时期

这一时期是从 2002 年联合国可持续发展世界首脑会议到 2012 年"里约 +20"峰会。自 1972 年斯德哥尔摩人类环境会议到 1992 年里约环境与发展会议的 20 年间，国际环境资源法无论在条约、国际习惯法、国际"软法"、国际组织等方面都取得了长足发展。特别是在 1992 年里约会议后的 10 年间，国际环境资源法无论在广度还是深度上都有了新发展。例如，1972 年到 2002 的近 30 年间，从寻求环境保护的部门，寻求主要规范对环境产生不利影响的具体对象，到 20 世纪 90 年代开始加强对环境的综合保护，再到越来越多的法律手段被运用到调整可能对环境产生不利影响的人类活动，国际环境资源法经历的发展变化是巨大的。特别是 1992 年的里约环境与发展大会，不仅提出了可持续发展战略和全球伙伴关系的新观念，而且为人类社会的可持续发展提供了一份全面的行动计划——《21 世纪议程》。这些新发展，无疑对于推动国际环境资源法沿着可持续发展的方向、在有利于建立环境与发展的全球伙伴关系的道路上继续发展以及在推动世界各国的统一认识、协调行动、以共同应对人类面临的环境问题上都将产生深远而持久的影响。

然而，应当承认，国际环境资源法在发展的过程中也还存在着诸多问题，还有许多方面有待进一步完善。例如，国际环境资源法的"硬"度不够，仍然比较"软"，有约束力的法律规范发展有限，还很难做到"有法可依"。此外，尽管国际环境条约的数量不少，但是由于缺乏协调，还没有形成一个内部统一完整的法律体系。特别是自 1992 年联合国环境与发展大会以来，以全球可持续发展为目标的《21 世纪议程》等重要文件的执行情况并不乐观，发展与环境的关系没有解决好，全球环境危机没有得到扭转，贫困现象普遍存在，南北差距进一步拉大，这些情况仍然普遍存在。尤其是因政治、经济利益上的巨大差异所导致的各国在环境与发展问题上的政治意愿的不协调，不仅妨碍了国际环境资源法的创制和实施，而且也使可持续发展进程遭到了一系列挫折。如 2000 年《联合国气候变化框架公约》未能就规定发达国家减排温室气体的《京都议定书》的生效达成协议，2001 年美国宣布退出了该议定书，就是一个很好的例证。这说明，一个强有力的、能够保证各国平等参与、并对全球环境与发展事务予以监督协调的国际机构还没有出现，有关国际环境保护的监督、管理、激励和制裁机制也未形成。总之，一个能够有效地解决人类环境危机的国际法律机制尚未最终形成，仍然是国际环境资源法在发展过程中面临的突出问题。

正是在这种情况下，大多数国家认为有必要召开新的国际会议，总结 1992 年里约会议以来《21 世纪议程》的执行情况，讨论里约会议建立的全球伙伴关系所面临的新问题，以便更好地推动全球的可持续发展事业。基于此目的，联合国于 2002 年 8 月 26 日至 9 月 4 日在南非的约翰内斯堡召开了联合国可持续发展世界首脑会议（World Summit on Sustainable Development, WSSD)，即第二届地球首脑会议。大会的主要目的是敦促各国在可持续发展领域采取实际行动。会议回顾了 10 年来各国在实施《21 世纪议程》过程中存在的问题与不足，展望了人类可持续发展的未来。与会代表就全球可持续发展的现状、面临的主要问题以及解决方法进行了广泛的讨论，并围绕着人类健康、生物多样性、农业生产、清洁水源和能源问题展开讨论。会议一致认为，目前人类在这五大领域都面临严重挑战，如不采取有力措施，可持续发展将成为泡影。经过广泛磋商，会议通过了两份文件，即《约翰内斯堡可持续发展宣言》和《可持续发展世界首脑会议执行计划》。《宣言》是各国政府对可持续发展优先事项的具体目标和时间表作出的政治承诺，《执行计划》是为了进一步贯彻落实《21 世纪议程》而制定的包含具体目标和时间表的行动计划。这个执行计划是建立在地球首脑会议以来所取得的进展和经验教训的基础上，提供更有针对性的办法和具体步骤以及可量化的和有时限的指标和目标。

虽然《执行计划》本身不具备法律约束力，但由于它"在促进经济发展的同时保护生态环境"方面提出了具体的目标和时间表，关系到全球未来 10 年至 20 年环境与发展的进程和走向，因此其重要性不容低估。最后，会议重申："为实现我们的可持续发展目标，我们需要更有效、更民主和更负责任的国际和多边机制；维护《联合国宪章》的宗旨和原则以及国际法，并致力于加强多边主义"。①这次会议被认为是国际环境资源法发展史上的"第三座里程碑"。②

---

① 《约翰内斯堡可持续发展宣言》，第 31、32 条。
② 王曦. 国际环境法 [M]. 北京：法律出版社，2005.

毫无疑问，1992 年召开的联合国环境与发展大会是国际发展合作事业的重要里程碑。20 年来，国际社会在推动可持续发展进程方面取得了诸多积极进展。国际社会积极推动实施《关于环境与发展的里约宣言》《21 世纪议程》和《可持续发展世界首脑会议执行计划》，各种形式的国际和区域环境发展合作不断深入，许多国际条约应运而生和民众积极参与，可持续发展理念深入人心。

与此同时，可持续发展领域执行力不足的状况长期存在，区域经济、社会发展很不均衡，生态恶化、环境污染趋势未能得到根本扭转（联合国环境规划署发布的最新一版《全球环境展望》综合报告警告说，地球各个系统的承受能力几近极限），如期实现千年发展目标困难重重。广大发展中国家面临严重的资金不足、技术手段缺乏、能力建设薄弱等困难。国际金融危机、气候变化、粮食和能源危机、自然灾害等挑战，进一步加重了发展中国家实现可持续发展的负担。当前，国际金融危机深层次影响在持续发酵，世界经济复苏的不稳定性和不确定性十分突出，世界可持续发展事业面临更为复杂的形势和严峻的挑战。此时此刻，人类必须转变生产、消费和生活方式、改善经济发展模式，在发展的同时处理好经济、社会和环境三者关系，实现既能消除贫困、提高生活水平，又能保护环境、达成人类与自然和谐共存的可持续发展的目标。

鉴于全球经济和国际发展合作面临的困难，为了更好地统筹经济发展、社会进步和环境保护，解决发展中国家面临的困难和问题，以便重振国际合作，从而为全球可持续发展进程注入新的活力，2012 年 6 月 13—22 日世界各国领导人再次聚集在里约热内卢召开了联合国可持续发展大会，即"里约 +20"峰会。峰会由三个目标和两个主题构成。第一个目标是重拾各国对可持续发展的承诺。过了 20 年，有些人可能更坚强了，有些人可能变得犹豫了，尤其是金融危机发生以后，发达国家的做法发生了很多的倒退。因此，有必要重申承诺。第二个目标是找出目前在实现可持续发展过程中取得的成就与面临的不足。第三个目标是继续面对不断出现的各类挑战。两个主题是绿色经济在可持续发展和消除贫困方面的作用和可持续发展的体制框架。这个"绿色经济"一定要实现两个目标，第一，可持续；第二，要解决贫困问题。可持续发展的体制框架意味着，我们需要制定一个切实可行、可以检验的、具体可操作的一个目标的程序，像一个操作指南一样，可以指导每个国家、每个企业或者社区的可持续发展行为。193 个国家的代表在闭幕式上通过了会议最终成果文件——《我们憧憬的未来》(The Future We Want)。时任联合国秘书长潘基文说，大会通过的文件为实现可持续发展奠定了坚实基础。他同时强调，此次会议不是终点而是起点，世界将由此沿着正确的道路前进。

（四）国际环境资源法的发展趋势特点

在 2002 年联合国约翰内斯堡可持续发展世界首脑会议之后，国际环境资源法继续发展。但总体来看，国际环境资源法的发展尚未达到能够满足国际社会对可持续发展要求的水平。因此，总结国际环境资源法发展过程的不足，结合国际社会在今后一段时间内将要面临的主要环境问题，我们认为，国际环境资源法未来的发展趋势将主要呈现以下特点：

1. 可持续发展思想对国际环境资源法的推动作用将会更深入持久

自 20 世纪 80 年代中期以来，现代环境法的发展就进入了一个可持续发展时期。①目前，可持续发展的思想已经成为现代环境法的指导思想和理论基础。从国内看，有越来越多的国家把可持续发展的战略和思想融入本国的环境政策和立法之中。从国际看，可持续发展在国际环境资源法领域不仅具有普遍指导意义，而且成了国际环境资源法的一项基本原则。为了更好地从国内和国际两方面来促进可持续发展战略的实施，今后将会有更多、更好的关于环境保护的新思想、新观念被提出，也会有一些更新、更好的手段和方法被运用于国内和国际环境保护的实践中。

2. 国际环境资源法的参与性将会更为明显

《里约宣言》关于建立"新的公平的全球伙伴关系"的新观念，为国际社会在环境与发展方面的合作提供了思想基础和道德原则；《约翰内斯堡可持续发展宣言》则不仅重申了对可持续发展的承诺，而且明确提出了人类的未来在于多边主义；同时"里约 +20"峰会成果文件也重申了里约原则，特别是共同但有区别的责任原则，坚持"政府推动、多方参与"的原则，强调民间社会、私营部门等各方的参与对于可持续发展的重要作用。这表明，只有国际社会携手对全球环境与发展事务平等参与；只有世界各国相互合作、共同采取切实的行动；只有不同

---

①蔡守秋. 环境资源法学教程 [M]. 武汉：武汉大学出版社，2000.

国家相互协调彼此在政治、经济利益上的冲突，形成在环境与发展问题上的共同政治意愿，可持续发展的目标才有可能实现。

3. 国际环境资源法的实施机制将会进一步加强

为了增强国际环境资源法的权威性、切实保障并有效发挥国际环境资源法作为实施可持续发展战略的主要工具作用，今后国际环境资源法将会更为注重保障和强化其可实施性。这主要表现在，国际环境资源法将更为注重各成员国履行国际公约的义务；采用更为灵活有效的联合履约机制；不断加强国际环境争端解决机制的建立和完善；不断丰富和发展国际环境责任的理论和实践等。例如，"里约+20"峰会成果文件决定建立高级别政治论坛，取代现有的联合国可持续发展委员会，为各国实施可持续发展，统筹经济、社会发展和环境保护提供指导。此外，各国承诺加强联合国环境规划署的作用，加强环境规划署在联合国系统内的发言权及其履行协调任务的能力。这无疑对于国际环境资源法的有效实施具有促进作用。

4. 国际环境资源法的科学技术性将会更加突出

这主要表现在环境影响评价、清洁生产、标准化管理等科技方法已成为推进经济发展和环境保护相结合的有力工具；各种环境标准和其他环境无害技术在环境保护中的作用越来越大，并日益规范化、制度化；越来越多的经济措施和科技手段被内化为全球环境保护的国际法规则；清洁机制、生物安全、转基因技术等与环境保护有关的科技法律制度将会不断在国际环境资源法中得到确认。

5. 国际与国内环境资源法的协调性将会日益增强

主要表现在环境问题是全世界各国共同面对的一个全局性、长远性的难题，环境保护是世界各国政府和人民的共同责任的观点，已经成为国际社会的普遍共识；各个国家为了履行其所承担的国际义务，需要使本国的国内环境立法与国际环境立法相衔接，并实现国内立法的国际化；国际环境资源法的一些基本原则、制度和方法将会被越来越多的国家所采纳和接受，从而使得国际和国内立法的趋同更为明显。

第三节　国际环境资源法的基本原则

任何一个法律体系都需要维系其完整性、稳定性和协调性的基本原则。一个法律秩序的基本原则往往在法律的制定、发展和适用中发挥着重要的作用。国际环境资源法也一样，其法律体系的协调统一、法律秩序的和谐有序，都离不开用以指导和协调全部国际环境法律关系的基本原则。

一、基本原则的内容

一般来说，国际环境资源法的基本原则是指那些被各国公认和接受的、在国际环境资源法领域具有普遍指导意义、体现了国际环境资源法的特点并构成整个国际环境资源法之基础和本源的基本准则。国际环境资源法的基本原则，作为开展国际环境保护活动必须遵循的基本准则，是直接指导国际环境资源法律关系主体的行为规范。因此，明确国际环境资源法的基本原则，对国际环境资源法的适用具有重要意义。这是因为，国际环境保护所涉内容复杂，既与环境问题有关，又与经济、社会等多个方面的问题相互交织、密不可分，这时往往很难获得能够适用于所有领域的明确具体的法律规则。因此，在这种情况下，为了较好地应对没有现成规则可适用的新情况，只能求助于对国际环境资源法律关系具有普遍指导作用的基本原则来对有关问题作出裁决。

应当说，国际环境资源法的基本原则与国际法的基本原则在本质上是一致的，但两者又不能完全等同。这也就是说，国际环境资源法的基本原则与国际法的基本原则既有联系又有区别。从联系上看，国际环境资源法基本原则的确立应以国际法基本原则为基础，并受国际法基本原则的支配和指导。国际法的基本原则作为具有普遍约束力的"国际通则"，适用于国际法的一切领域，国际环境保护领域的法律关系当然也不例外。因此，国际环境资源法的基本原则自然要与国际法的基本原则保持一致并受其指导。从区别上看，国际法的基本原则与国际环境资源法的基本原则在国际法体系中的位序不同。国际法的基本原则适用于国际法的一切领域，是整个国际法律大厦的基础。国际环境资源法的基本原则是国际法的基本原则在国际环境保护领域的新发展。作为国际法的"特殊原则"，它只适用于国际环境保护领域的法律关系。

从现有的国际环境条约来看，指导国际环境关系的基本原则主要有两个方面：现代国际法的基本原则和根据国际环境法的特点提出来的新原则或对旧原则加以发展从而适用环境领域的原则。①之所以如此，是因为，一方面作为国际法的一个分支，国际环境资源法需要遵循国际法的基本原则，或者说，国际法的基本原则也应当能够适用于环境保护领域的国际关系；但是，另一方面作为国际法的一个新的特定领域，国际环境资源法无论在调整对象、所涉内容和调整方法上，都有着自己的鲜明"个性"。这决定了国际法的基本原则在国际环境保护关系中的适用，不是简单的原则照搬，而是必须要针对国际环境保护的具体情况，适应国际环境保护的特点和需要。因此，这必然要求在国际环境保护实践中，在以国际法的基本原则为基础来处理和协调国际环境关系的同时，还要针对国际环境保护的特殊性总结和发展出一些符合国际环境保护内在要求的新的国际法基本原则。国际环境资源法的基本原则，正是在这种情况下形成和发展起来的。从这个意义上看，国际环境资源法的基本原则是建立在国际法基本原则基础之上的，是对国际法基本原则在国际环境保护领域中的有效延伸和发展。或者也可以说，国际环境资源法的基本原则只不过是国际法基本原则在国际环境保护领域的特殊表现而已。

二、国际环境资源法的基本原则的特点

首先，国际环境资源法的基本原则是为各国所公认和普遍接受的法律原则。这种公认和接受，根植于国际环境资源法赖以建立的国际条约、国际习惯、司法判例、国际软法文件以及国际环境保护的法律实践。

其次，国际环境资源法的基本原则应当是适用于国际环境保护的各领域，贯

---

①曹建明，陈治东．国际经济法专论．北京：法律出版社，2000.

穿于整个国际环境资源法体系，并具有普遍指导意义的基本准则。这也就是说，在国际环境保护领域，无论是有关污染防治的法律规范、抑或生态保护的法律规范、还是涉及自然资源的法律规范，都无一例外地要与国际环境资源法的基本原则保持一致，服从并接受其指导。因此，不能将国际环境条约中确认的、只适用于某个特定领域或特定对象的个别原则或个别政策，也视为国际环境资源法的基本原则。

再次，国际环境资源法的基本原则是体现了国际环境资源法的特点，并构成国际环境资源法之基础的特有原则。国际环境资源法的基本原则，必须是能够全面体现国际环境资源法——这个国际法新分支的特点的原则，不宜将所有国际法的通用原则或共同原则当作国际环境资源法的基本原则。另外，国际环境资源法的基本原则构成了国际环境法律体系的基础，这意味着，国际环境资源法的各种具体法律规范都是国际环境资源法基本原则的具体化，整个国际环境法律体系都建立在这些基本原则的基础之上。

最后，国际环境资源法的基本原则应当是直接规定或间接体现在国际环境法律文件中。例如，1982年《世界自然宪章》宣布了24项保育环境的原则，并明确指出用这些原则"指导和判断人类一切影响自然的行为"，"人人有义务按照本《宪章》的规定行事；人人都应个别地或集体地采取行动，或通过参与政治生活，尽力保证达到本《宪章》的目标和要求"。

目前，对于国际环境资源法的基本原则应当包括哪些内容，或者说，国际环境资源法基本原则的范围为何，学界还没有形成一个统一的认识。我们认为，对于一个新兴的、仍处于形成与发展阶段的学科而言，这种现象既是必然的，也是正常的。因为新而缺乏理论上的积累，导致国际社会对国际环境资源法基本原则认识上的不成熟；因为学科发展的历史短暂，很多新的思想、观点尚未得到充分的发展和确认。加之不同学者看问题的立场、方法、角度和判断标准上的差异，导致认识上的不尽一致也都是客观存在的。但无论如何，综合已有的研究成果以及国际条约和国际习惯的有关规定，我们认为，国际环境资源法的基本原则至少包括以下四项基本原则，即尊重国家主权和不损害国外环境原则、共同但有区别的责任原则、预防原则以及国际合作原则。可以说，这四项基本原则是学界在对国际环境资源法基本原则的认识上比较成熟的看法，或者说是理论概括上的共识。

第四节 国际环境资源法的主体与客体

一、国际环境资源法的主体

国际环境资源法的主体指的是能够独立参与国际环境法律关系，直接享有国际法上的权利、并履行国际法上的义务的参加者。国际环境法律关系的主体是国际环境法律关系得以存立的前提，没有了主体的存在，也就没有了主体间的权利义务关系，那么环境客体的存在也就失去了意义。国际环境资源法中的主体主要包括国家和国际组织，而其中又以国家为其基本主体。但是，值得注意的是，尽管非政府组织和个人不是国际环境资源法的主体，但它们在当今国际环境立法和执法中却表现得日益活跃，发挥着越来越重要的作用。《里约宣言》和《21世纪议程》等文件都有旨在扩大国际环境法主体的倾向，文件呼吁进一步加强政府间国际组织和非政府组织在与环境保护和发展相关的国际立法、实施和执行过程中的作用。

（一）国家

在国际环境法律关系中，国家始终是最主要和最基本的主体。这是因为，国家是拥有主权的国际法主体，对外具有国际法上的独立人格，具备能够独立自主和平等地参加国际环境关系，并实际享有国际环境法律权利和承担国际环境法律义务的完全权利能力和行为能力。即使在国际环境保护领域，也需要重新界定并明确国家的特殊作用，如为了人类的共同利益，各国应当为服务于这个利益而合作，为此，"国家将行使源于人类共同利益而不是源于主权权利的职责"，然而，"尽管国家为保护环境的共同利益担负的职责关系到超越国界的问题，如生态系统的生存、生态平衡的维持，但大多数需要保护的环境内容仍处于国家主权之下"。而且在国际环境关系中，国家不仅拥有对其天然财富与资源的永久主权，根据《联合国宪章》和国际法原则，各国拥有按照其本国的环境与发展政策开发本国自然资源的主权权利。因此，不论怎样，国家在国际环境保护领域始终处于最主要、最基本的地位，发挥着最主要和最基本的作用，这一点是不容置疑的。这也就是说，在当今的国际环境事务中，国家在国际法上的突出地位，仍然是决定国际环境法律秩序的根基。换句话说，国际环境法律关系归根结底主要还是国家间的法律关系。

事实上，在国际环境法律关系中，国家的地位和作用也是决定性的。例如，国家可以通过缔结条约或形成国际习惯来创设有关开发、利用、保护和改善环境方面的法律原则、规则和制度。国家在国际环境事务中是完全的权利义务主体，其直接地享有国际环境资源法上的权利，承担国际环境资源法上的义务。国家还可以通过条约的形式创立有关国际环境保护方面的国际组织，国家决定着个人和非政府组织参与国际环境事务的资格和地位，国家具有独立进行国际求偿和承担国际责任的能力等。实践证明，国家对国际环境事务的实际参与和实践，对国际环境资源法能否真正发挥作用具有决定性的意义。

值得注意的是，尽管为了"人类共同的未来"，需要世界各国在国际环境保护领域都能相互尊重，并以平等的身份缔结国际协定，参与国际环境合作，加强协调和沟通，但由于在当前的国际环境事务中发达国家与发展中国家存在的利益纷争和矛盾冲突，使得发达国家和发展中国家在国际环境事务中享有的权利和承担的义务存在着实质上的不平等。特别是发达国家，鉴于其是国际环境问题的主要责任者，他们理应承担更多的国际环境保护义务，但囿于其狭隘的国家利益和民族观念，尽管在口头上他们承认应当对全球环境的恶化负主要责任，实际上他们却并没有采取与其责任相符的实际行动来保护全球环境。这客观上不仅松动了国际环境条约的基础，而且弱化了国际环境资源法的权威和执行力。

显然，鉴于发达国家给全球环境带来的压力以及他们所掌握的技术和财力资源，他们应当率先应对环境的恶化及其不利影响，并在财力和科学技术诸方面支持经济落后国家的发展，切实地在追求可持续发展的国际努力中承担共同但有差别的责任。毫无疑问，这些原则的确立和贯彻实施，对于顺利解决当今世界的环境问题具有重要的意义。

（二）国际组织

作为国际法主体的国际组织主要是指国家间或政府间国际组织，包括全球性国际组织和区域性国际组织两种。国际组织一般是根据该组织成员国之间的协议而建立，因而与国家构建的国际组织的权利和义务有一定差别。通常前者只能在其组织章程所规定的任务和职责范围内从事国际活动，这决定了国际组织的权利能力和行为能力是有限的。

国际组织也是国际环境资源法的重要主体，这已经得到条约和国际法院咨询意见的承认。例如，1949 年国际法院作出了"关于为联合国服务而受损害的赔偿问题"的咨询意见，认定联合国可以被看作是能够承担国际权利及义务的国际法主体。[①]此后，国际组织的国际法主体地位得到越来越广泛的认可。第二次世界大战之后，伴随着国际组织的大量涌现，它们都在国际关系的各个方面发挥着越来越重要的作用。尤其是从 20 世纪 60 年代末起，随着全球环境危机的出现，公众越来越强烈地认识到生物圈面临的危险，这时大多数全球和区域国际组织也开始迅速对环境问题作出反应。正如亚历山大·基斯先生所说的，"国际组织的介入标志着新时期的开始"。[②]1972 年在斯德哥尔摩召开的联合国环境大会，就有众多包括政府间和非政府间的国际组织派代表参加了这次盛会。鉴于国际组织在参与全球环境保护中的重要作用，大会通过的《人类环境宣言》第 25 条原则进一步强调："各国应保证使国际组织在保护和改善环境中发挥协调、有效和推动作用"。

事实已经证明，国际组织已经全面参与国际环境保护实践，并在全球环境保护领域发挥着重要而不可替代的作用。这主要表现在：首先，它们为各国提供关于国际环境合作和协调的讲坛。利用国际组织的会议和讲坛交流信息，成员国对特定环境问题形成一致意见。几乎每个国际组织都是特定区域范围或特定问题的国际论坛以及信息的集中和交换场所。在这里所有的成员国通过平等参与，可以自由表达本国的立场观点，充分讨论共同关心的国际环境问题，从而有利于协调各成员国的政策和行动，为国际环境保护方面的对话与合作创造必要的条件。其次，国际组织还积极发起和支持有关环境问题的国际会议。在这方面，国际组织尤其是联合国发挥了重要作用。这其中尤以 1972 年的人类环境会议和 1992 年的

---

①王铁崖. 国际法 [M]. 北京：法律出版社，1995.

②[法] 亚历山大·基斯；张若思译. 际环境法 [M]. 北京：法律出版社，2000.

环境与发展大会最为重要。这些会议对国际社会寻求加强环境与发展领域的国际合作具有深远的意义。

再次，国际组织在促进国际环境立法方面也作用显著。在国际环境资源法的法律渊源中，有相当大的部分来自国际组织的立法。在这方面，国际组织的贡献既表现在对环境条约的发展方面，又包括对国际环境"软法"文件的贡献。前者如国际海事组织和联合国环境规划署对一系列海洋环境保护条约的贡献，后者如联合国大会对《人类环境宣言》和《里约宣言》的贡献。国际组织的这些活动，使国际环境资源法日益发展成为一个内容丰富、门类齐全的完整体系。国际组织还是保障条约实施、监督条约执行的机构。国际条约的实施主要依靠缔约国的自觉行动，但由于各方面的原因，使得国际条约的执行情况并不理想。而国际组织的出色组织和监督工作，却使国际条约以往存在的实施性不足、缺乏监督机构和保障机制的局面有所改观。例如，环境条约的秘书处一般负有监督成员国履行条约的责任，成员国也有义务定期或不定期地向条约秘书处报告履行情况和违约事件，秘书处则向成员国大会报告条约的执行情况。

另外，国际组织还是国际环境争端的调解和裁判机构。一些国际组织，如国际法院本身就是国际环境争端解决的裁判机关，另外一些国际组织自身也设立争端解决机构，在其职权范围内负责解决争端。例如，世界贸易组织的争端解决机制（DSB)，就是专门用来解决成员国之间问题的争端解决机制；1993 年联合国国际法院设立了 7 人的环境事务法庭，专门负责处理国与国之间的环境纠纷；《联合国海洋法公约》设立的国际海洋法法庭及国际海底管理局等也是用来负责协调、处理本条约下的国家间争端的机构。

最后，国际组织还可提供金融和技术方面的支持。例如，世界银行的业务活动中很重要的一项就是致力于环境保护。可以说，对环境的重视已经贯穿到世界银行的各项业务活动之中：为确保其贷款项目不会对环境造成危害，所有项目都要经过认真审查以确定它们不会危害环境；对可能有危害的项目要做环境评价，而且世界银行还针对此类项目采取特殊措施以避免对环境造成破坏。技术方面如国际标准化组织，为国际环境保护提供了有关空气、水、土壤等方面的环境标准。

（三）非政府组织和个人的国际法地位

非政府组织（Non-GovernmentalOrganizations，NGO）和个人虽然不是严格意义上的国际法主体，但是它们自 20 世纪末以来作为国际环保事业的重要参与者和组织者，在全球环境事务中的作用日渐突出，对国际环境资源法的发展和实施发挥了不可替代的重要作用。例如，《21 世纪议程》就曾指出，"各非政府组织和主要团体是执行《21 世纪议程》的重要伙伴"。为此，《议程》还要求，"制定程序，让非政府组织发挥扩大作用"；"为了确保充分发挥非政府组织可能的作用，应在为了执行《21 世纪议程》所批准的机构和所设计的方案中促进国际组织、国家和地方政府及非政府组织间尽可能充分的联系和合作"。

从国际环境资源法的实践上看，非政府组织的作用主要表现在：提出有关全球环境保护的重大问题并呼吁国际社会对之采取行动；以观察员的身份列席有关环境问题的重要国际会议和国际条约谈判；从事国际环境资源法和国际环境政策的宣传和教育；监督国际环境条约的实施。

二、国际环境资源法的客体

国际环境资源法的客体是指国际环境资源法主体的权利义务所指向的对象，它具体包括国际环境与资源以及影响国际环境权益的行为两类。

（一）国际环境与资源

作为国际环境资源法客体的环境与资源包括各种自然的和人文的环境要素，如大气、土地、水、生物和世界文化遗产等环境要素或资源。这些环境要素和资源又可分为国家管辖范围之内的环境和资源、由两个或多个国家共享的环境与资源以及处于国家管辖之外的环境与资源三类。

1. 国家管辖内的环境与资源

国家管辖范围内的环境与资源是指完全处于一国主权管辖之下的环境与资源，如领土及其领土内的各种自然的和人文的环境与资源。虽然这部分环境与资源由于完全处于一国主权控制之下，应当属于受一国国内环境法调整的范围，但这其中那些被国际条约赋予特殊法律地位的环境与资源，如被《保护世界文化和自然遗产公约》所确定为"世界遗产"的那部分环境与资源（如中国的长城、泰山、秦始皇陵及兵马俑、敦煌的莫高窟等自然和人文遗迹），虽然处于各国境内，但由于对它们的保护具有国际意义，因而也受国际环境资源法的规范和调整。①

2. 由两个或多个国家共享的环境与资源

由两个或多个国家共享的环境与资源，如国际水域、往来于多国领土或水域的迁徙物种、跨越两国或多国间的生态系统等，由于处于两国或多国的管辖之下，因此对它们的开发和利用必然会直接关系到国与国之间的相邻关系，尤其是国际环境保护的问题。为了维护国际环境法律秩序的稳定，这部分环境与资源也应当是国际环境资源法的客体。

3. 处于国家管辖范围之外的环境与资源

这一类环境与资源主要包括人类共有财产、人类共同遗产和受特定国际条约规范的区域。它们不仅范围广泛，而且性质和特点也各不相同，因而其法律地位也存在明显的差别。这类环境与资源是目前国际环境资源法调整和规制的重点和难点。

人类共同财产（common property of mankind），如公海和在公海上方生存或迁徙的鸟类和其他野生动物，任何国家不得将其置于自己的主权管辖范围，它们只能供所有国家平等利用。人类共同遗产如公海海床、洋底及其底土和月球，它们同"人类共同财产"一样不能被置于任何国家管辖之下，对它们的利用只能出于为全人类的利益之目的而进行，对它们的开发、利用和保护须由相关公约规定的"代表全人类"的国际管理机构进行，其收益也应由所有缔约国公平分享。例如，《联合国海洋法公约》设立了国际海底管理局，由其具体负责国际海底区域的开发活动和收益分配。再如，《月球协定》规定，月球资源的开发需在指导此种开发的国际制度，包括适当程序下进行，且各缔约国有权"公平分享"其惠益。②

受特定国际条约规范的区域，如全球大气层、南极和外层空间，属于法律地位比较特殊的一类环境组成部分，它们的法律地位虽不确定，但不能将其归属于一国或几国的主权管辖之下。就全球大气层而言，它既不属于"人类共同财

---

①例如，1972年缔结的《保护世界文化和自然遗产公约》第6条明确规定：公约缔约国一方面对本国的文化和自然遗产享有完全的主权，另一方面又对本国的文化和自然遗产中被公约接受为世界遗产的那一部分承担同整个国际社会进行合作以对其加以保护的义务。

②《月球协定》，第11条第5款、第7款。

产"的那部分环境与资源污染，又不属于"人类共同遗产"的那部分环境与资源。但是为了保护全球大气层，1992年的《联合国气候变化框架公约》将全球大气层面临的严重问题——气候变化宣布为一项"人类共同关切之事项"（common concern of mankind）。这是在全球大气层的法律地位尚未确定时给予这类环境与资源的一个新定位，这为通过国际合作来保护国际大气提供了法律依据。

南极的法律地位目前被"冻结"。根据《南极条约》的规定，冻结各国对南极地区的主权权利或领土要求。鉴于南极对地球气候和地球生态系统的重要调节作用，《南极环境议定书》称保护南极环境是为了"全人类的利益"，并将南极指定为"奉献于和平和科学的自然保护区"。

外层空间的法律地位也自成一类。根据1967年《关于各国探索和利用外层空间包括月球和其他天体的活动的原则条约》（即《外空条约》）的规定："探索和利用外层空间，应为所有国家谋福利和利益，而不论其经济或科学发展程度如何，并应为全人类的开发范围。所有国家可在平等、不受任何歧视的基础上，根据国际法自由探索和利用外层空间，自由进入天体的一切区域"。公约同时规定："各国不得通过主权要求、使用或占领等方法，以及其他任何措施，把外层空间据为己有"。[①]条约的上述规定表明：外层空间既有"人类共同财产"的性质，也有"人类共同遗产"的特点。

（二）影响国际环境权益的行为

国际环境资源法的客体除了国际环境与资源以外，还有一类就是影响国际环境权益的行为。该类客体既包括以国家或政府名义实施的公法主体的行为，如由一国进行的核试验而可能破坏邻国生态环境的行为，又包括处于国家管辖或控制之下的私法主体的行为，如私有企业或个人污染环境的行为。如果这类行为客观上导致了跨国性环境与资源污染的不利后果，根据国际法的基本原则，国家也应对其负相应的国际法上的责任。按照《人类环境宣言》和《里约环境与发展宣言》的规定，各国有责任保证在他们管辖和控制之内的活动不致损害其他国家的或在

---

①梁西.国际组织法 [M].武汉：武汉大学出版社，1998.

国家管辖范围以外地区的环境。据此，影响国际环境权益之行为也应当是国际环境资源法的客体。

第四章　环境法与资源保护的实践

在法律的框架内解决国际环境争端，对环境与资源的保护进行实践，有利于国家、地区，甚至全球的和平稳定发展。同时，中国的法治建设也得到了发展，取得了一定的成就，也需要我们继续努力践行环保意识。

第一节　环境资源法的权利类型

一、环境权的概述

（一）环境权的概念

根据各国法律的有关规定和环境权理论，将环境权界定为个人、单位、国家和人类就其赖以生存、发展的环境所享有的基本权利和承担的基本义务，即"个人、单位、国家和人类有享用适宜环境的权利，也有保护环境的义务"。这种环境权是对各种环境权法律表达方式的一种概括，是一种学术概念。至于环境权在法律上的具体表述方式，则因国因法而异。这一概念包括如下五层含义：

1. 环境权是一种环境法律权利和法律理念

环境权具有法律权利的共性和环境法律权利的特征。说环境权是一种法律权利，并不排斥在环境法不健全的情况下或在其他场合，人们可以把环境权作为一种自然权利、道义权利或应有的权利。环境权作为一种道德权利，是人的"应有权利""与生俱来的权利",是指人按其本质和生存需要所应该享有的权利和自由。但是,这种"应有权利"只有经法律确认才能成为明示的"法律上的权利"。另外,环境权也是一种新的法律理念,它给传统法学带来了一些新思想和新观念,对整个法律体系和法律学说是一种变革。

2. 环境权是基本环境法律权利和基本环境法律义务的统一

基本环境法律权利表明该权利主体对其赖以生存发展的环境的基本需求,表示在该主体享有的各种环境法律权利中,环境权起着主导、决定的作用,是主权(它在各种环境法律权利中起着主导、决定作用)、原权(其他环境法律权利大都是它的派生或繁衍)和对世权(它适用于除权利主体之外的所有的人或所有其他法律关系主体,谁侵犯这种权利都会受到法律的约束),是人之所以为人、人之所以存在和发展、人之所以能够实现其人生价值和保持人的尊严的权利。它具有不可剥夺性、不可取代性以及不可转让性。这种权利的被剥夺或丧失意味着主体不能继续生存或健康发展。将环境权确定为基本环境权利,在环境法律和环境法学中具有特别重要的意义和作用,它可以在很大程度上消除环境权内容的不确定性。

基本环境法律义务表示在该主体所承担的各种义务中,它是一种起码的义务、基本的义务、第一义务和积极义务。这里的保护是指起码的、普遍的保护,力所能及的、合乎常情的保护,不是指具有法律责任性质的保护或法律具体规定的特定保护。例如,我国《环境保护法》第6条关于"一切单位和个人都有保护环境的义务"的规定,就是一种基本义务。承担保护环境的基本义务是一种建设性的活动、一种道义性的行为,是享有基本权利和履行其他环境法律义务的前提和条件。

环境权是基本环境法律权利和基本环境法律义务的统一,不是指环境法律中各种法律权利和法律义务的总称或综合,而是表明主体在享有基本环境权利的同时也承担基本环境义务。环境权并不是仅仅指权利,而是基本环境权利和基本环境义务的综合体,保护环境的义务是实现环境权利的基础,享用环境的权利是履行保护环境的义务的前提;把"保护环境的义务"纳入环境权的范畴,主要是因为基本环境法律权利和基本环境法律义务的不可分割性,这是环境权的重要特征之一。

3. 环境权有丰富的权能

曾任美国国际法学会主席的魏伊丝认为，宪法中规定的环境权利和义务包括如下情况：第一，普遍的、个人的环境权利和义务，包括普遍享有清洁、健康、平衡的环境的一般性权利，一般的、普遍的环境知情权，受他人所致环境损害影响的个人求偿权，一般的、普遍的保护环境的义务；第二，国家的目标、义务及权力，包括把保护、改善环境作为国家的目标或要求，国家在保护环境或野生生物与资源方面的选择决定权，国家在控制自然资源开发或废物方面的选择决定权，处罚违法者的权力、超越职责范围修复损害；第三，资源所有权及相关义务，包括对全部或绝大部分自然资源实行国家或社会所有，资源的私人所有权受环境法的限制，开发者修复损害或恢复资源的义务；第四，实现权利和履行义务，包括宪法中有关环境法的执行的特别制度，不能由法院强制执行的特殊的环境权利和义务。①

一般而言，环境权包括环境享受、环境使用、环境收益等权能。环境享受权能是指该权利主体有享受、亲近、欣赏、体验适宜自然环境的资格和能力，如享受蓝天、净水、绿野，亲近大自然、亲近动植物等权能；环境使用权能是指该权利主体有利用环境资源或环境功能维护其自身基本生活、生存发展需要的资格和自由，例如从大气中呼吸空气，从江河湖泊中直接取水，排放基本生活、生产污染物等；环境收益权能是指该权利主体有通过环境权的行使获得环境效益或生态效益的资格和自由，如获得安全、健康、无害、无污染等适宜的环境的效益。根据环境权的各种权能可以推导、派生出环境从权、辅助权和其他相关权利，如公众在环境方面获得信息权（或环境知情权）、参与环境决策权、参与环境监督管理权和提起环境诉讼权（或诉诸司法的权利）等。

（二）环境权的发展

1. 环境权在内国法中的发展

在美国，自卡逊于 1962 年发表《寂静的春天》一书对美国民权条例"没有

---

① [美] 爱蒂丝·布朗·魏伊丝；汪劲，于方，王鑫海 译. 公平地对待未来人类：国际法、共同遗产与世代公平 [M]. 北京：法律出版社，2000.

提到一个公民有权保证免受私人或公共机关散播致死毒药（指农药污染）的危险"的感叹之后，20世纪60年代末掀起了一场关于环境权的大辩论，当时许多美国人要求享有在良好环境中生活的权利。传统民法关于所有权的理论认为，非为人力所能支配的物（如流水、空气、日光等环境要素）不能作为所有权的客体，属于"取之不尽，用之不竭"的自由财产或无主物，任何人都可以随意使用、无偿使用或实行先占原则，因而向大气、河流排放污染物的行为并不是违法行为。另外，"企业自由"是资本主义市场经济的一项重要原则，根据这项原则企业可以利用一切技术自由进行生产活动，不受任何干涉；企业排放污染物的行为属于企业生产活动的组成部分，即属于"企业自由"的范围，不受任何干涉。因此，根据当时的宪法和民商法理论，公民无权对作为"企业自由"的排污行为和对作为无主物的大气、水、阳光等环境要素的使用提出权利要求。在争论中，密执安大学萨克斯教授以"公共财产论"和"公共信托论"为基础，提出了环境权的主张。他在1970年发表的论文《为环境辩护》中提出了环境立法的三项任务：第一，"承认对于良好环境的公民权利是一项可强制执行的合法权利"；第二，使这项权利通过公民个人以公众身份起诉而成为可强制执行的权利；第三，为关于环境质量的普通法的发展设立框架。

1970年1月22日，美国尼克松总统在国会发言中指出，美国"70年代的大问题"是如何确保"每一个美国人天生就具有的"拥有一个不受污染的环境的权利。基于相同的理由，国会议员、地球日（1970年4月22日）的倡导者盖洛德·纳尔逊（G.Nelson）号召修改宪法，以确保一个美国人"对于健康的环境所拥有的不可剥夺的权利"。在日本，日本律师联合会于1967年发表了"公害侵犯人权"的《人权白皮书》。国际社会科学评议会于1970年3月在日本举办的"关于环境破坏的东京公害研讨会"，以及日本律师联合会在同年9月召开的"第13届人权拥护大会"等一系列学术会议，详细研讨了环境权的法理，有力地推动了环境法理论的发展。之后，环境权逐渐在学术界得到认可、在立法方面得到法律确认、在司法实践中得到贯彻。

到1995年，有60多个国家的宪法或组织法包括了保护环境和自然资源的特定条款。例如，2005年2月28日，法国议会两院联席会议通过了《环境宪章》；接着，时任法国总统雅克·希拉克颁布了一条改革1958年宪法的法令，在宪法前言中加进了环境宪章。该宪章明确规定，"人人都享有在一个平衡和不妨害健康的环境里生活的权利"，"人人都负有义务参与环境的维护和改善"。自 20 世纪 60 年代以来，约有 100 来个国家制定了综合性的环境法律，其中在 20 世纪 90 年代制定或修改综合性环境法律的国家就有 70 多个，这些综合性的环境法律大都有环境权的内容。例如，韩国《环境政策基本法》对国家、企业事业单位和公民的环境权即基本环境权利和义务作了全面规定。该法第 6 条明确规定："所有国民都享有在健康而舒适的环境中生活的权利，并应协助国家及地方自治团体的环境保全对策的实施，也应为环境保全而努力。"在中国，自 1972 年以来，有关环境权的立法已经获得相当大的发展。我国法律虽然没有明确宣布环境权，但已有涉及环境权的法律规定，不少地方环境立法对环境权作了明确规定，这对中国环境权的立法和理论的进一步发展具有重要的作用和意义。

2. 环境权在国际法中的发展

在 20 世纪 60 年代末 70 年代初，国际社会召开了一系列有关环境权的学术研讨会，为将环境权纳入国际法律政策文件奠定了理论基础。例如，1970 年 3 月，国际社会科学评议会在日本举办了题为"关于环境破坏的东京公害研讨会"，会议通过的《东京宣言》的第五项就环境权提出了如下呼吁："特别重要的是，我们请求，把每个人享有的不侵害其健康和福利等要素的环境的权利，以及关于现代人传给后代人的遗产应该是一种富有自然美的自然资源的权利，作为一种基本人权，在法律体系中确定下来。"1972 年 6 月，在斯德哥尔摩召开了联合国人类环境会议，会上通过的《人类环境宣言》提出："人类环境的两个方面，即天然和人为的两个方面，对于人类的幸福和对于享受基本人权，甚至生存权利本身，都是必不可缺少的"[①]，"人类有享受自由、平等和适当生活条件的基本权利，并且负有保护和改善这一代和将来的世世代代的环境的庄严责任"。[②]日本的松本昌悦指出：1972 年的《人类环境宣言》把环境权作为基本人权规定下来；环境权作为一项新的人权，是继法国《人权宣言》、《苏联宪法》、《世界人权宣言》之后

①蔡守秋. 环境权初探 [J]. 中国社会科学，1982（3）.
②杜钢建. 日本的环境权理论和制度 [J]. 中国法学，1974(6).

人权历史发展的第四个里程碑。

进入 20 世纪 80 年代以后，不少国际人权文件都承认环境权。例如，1981 年的《非洲人类和人民权利宪章》（简称《非洲人权宪章》）是第一份明确承认"所有人应当对适合他们发展的环境享有权利"的人权条约。1988 年《美洲人权公约》之《经济、社会和文化权利议定书》第 11 条规定："1. 每个人应有权在健康的环境中生活，有权享受基本的公共服务；2. 缔约国应促进环境的保护、保全和改善。"1990 年 12 月 14 日，联合国第 68 次大会通过的题为《需要为个人福祉确保健康环境》的第 45/94 号决议，明确指出所有人都有生活在能够满足其健康和福利所需要的环境中的权利，并呼吁各成员国、国际组织和非政府组织应努力确保人类有一个更好的和更加健康的环境。联合国防止歧视与保护少数民族委员会于 1994 年提出的《人权与环境原则宣言（草案）》明确宣布，所有人都有权享有安全、健康、生态平衡的环境，以及既能满足当代人的需求，又不妨碍后代人发展需要的环境的权利，并从实体和程序两个方面对环境权作了具体规定。1998 年 6 月 25 日，35 个来自欧洲和中亚的国家在丹麦签署了《公众在环境领域获得信息、参与决策和提起诉讼的奥胡斯公约》。①该公约不仅在其序言中申明，"确认充分保护环境既是人类福祉的关键又是享受包括生命权本身在内的各种基本人权的关键，并确认每个人既有权在适合其健康和福祉的环境中生活，又有责任单独和与他人共同为今世后代保护和改善环境"，"考虑到公民为了享受上述权利并履行上述责任，在环境问题上必须能够获得信息，有权参与决策和诉诸法律，并在此方面承认公民为行使自己的权利可能需要得到援助"；②而且其第 1 条明确规定，"为促进保护今世后代人人得以在适合其健康和福祉的环境中生活的权利，每个缔约方应按照本公约的规定保障在环境问题上获得信息及公众参与决策和诉诸法律的权利"。

---

①该公约于 1998 年通过、2000 年生效，到 2002 年已有 41 个成员国签署，是目前唯一的具有法律拘束力的多边环境协定，被认为是世界上有关环境权利的最深入的公约。

②这两项规定，不仅明确了个人环境权的原权性质、基本人权性质，而且确认了公众环境知情权、参与权和诉权等三项权利是为了保障个人环境权的从权，不仅指出个人环境权的基本内容和重要性，而且规定了实现个人环境权的主要法律途径和措施。

（三）环境权的类型与发展

1.个人环境权

个人环境权即自然人的环境权，这里的个人主要指公民，但范围大于公民，包括环境法适用范围内的一切个人或自然人。不同国家、不同法律对个人环境权有不同的表述方式。例如，《秘鲁政治宪法》第123条规定："公民有保护环境的义务，有生活在一个有利于健康、生态平衡、生命繁衍的环境的权利。"根据上述法律规定，可以将公民（或个人）环境权规定为："公民（或个人）有享用适宜环境的权利，也有保护环境的义务"或"每个人都有在平衡、健康的环境中生活的权利，也有保护环境的义务"。如果仅以权利来表示，个人环境权是指个人有享用适宜环境或平衡、健康的环境的权利。这里的享用包括享受和使用。这里的"适宜"是对各国法律中有关环境权的各种环境修饰词的概括，"适宜"环境表示有关环境权立法机关所认可的环境，在大部分情况下是指健康①、平衡的环境，因为只有健康、平衡的环境才是人的基本环境需要。

由于环境包括大气、水、土地、森林、草原、城市、村庄等环境要素或环境资源；享用适宜环境的权利当然包括享用各种适宜环境要素、环境资源的权利，所以有些法律按环境要素、环境功能或环境资源将个人环境权分为清洁空气权、清洁水权（亲水权、人滨权）、风景权（景观权）、环境美学权、宁静权（静稳权）、眺望权、通风权、日照权等类型。其实，这些权利都是基本环境法律权利和基本环境法律义务的分解和细化。确定了环境权，也就从总体上确定了上述细化了的个人环境权。

公民环境权是环境法的一个核心问题，也是环境立法、执法、环境管理、公众参与环境保护和公益环境诉讼的基础。公民环境权的意义在于：确认自然人享有在适宜环境中生存、发展的权利和履行保护环境的义务，是自然人依法利用环境要素或环境资源、享受适宜的生活环境条件的法律保障，是防治其生活环境被污染、破坏而使其身心健康和财产遭受损害，或在受到损害时依法请求救济的法

①这里的健康是指环境健康或生态系统的健康。所谓环境健康，是指生态功能正常、没有缺陷和疾病，或指生态系统状况正常、没有缺陷。当代不少生态学家倾向于用"生态健康"代替"生态平衡"。

律武器；它赋予公民参加环境保护活动、参与国家环境管理和提起公益诉讼的平等资格，是实行环境民主和公众参与的法律依据；它为人的全面发展与和谐社会的建设提供权利保障，是对环境保护和环境法治建设具有长远影响和全局意义的法律权利。在各种环境权中，公民环境权是最基础的环境权，它不仅是单位环境权、国家环境权和人类环境权的基础，也是实现个人财产权、劳动权、休息权、生存权、生命健康权等其他基本权利的必需条件。从法律上规定公民环境权，可以从根本上提高环境法和环境管理、环境执法的正当性和有效性。以公民环境权制约企业经济人本性，可以有效解决企业污染外部性问题；以公民环境权制约政府环境管理权，可以解决政府环境管理权不当行使、滥用及寻租问题；以公民环境权为依据，可以解决环境执法司法正当性和有效性问题；以公民环境权激活国家环保义务，可以促进环境保护事业和环境法治建设的可持续发展。

2. 单位环境权

单位环境权，是指单位有享用适宜环境的权利，也有保护环境的义务。这里的单位，包括法人组织和非法人组织、营利性企业组织和非政府非营利性组织（第三部门），其范围大于民法经济中的法人。魏伊丝认为："地球权利与义务首先是集体权利和集体义务。"① 世界上第一部确定法人是基本权利主体的宪法是德国的《波恩宪法》，该法第 19 条规定："基本权利限于其性质上的可能，也适用于国内法人。"② 目前法人已被广泛地接受为基本人权的主体。在环境权方面，也有国家在其宪法中明确规定了法人或单位和组织的环境权。我国《珠海市环境保护条例》和《深圳经济特区环境保护条例》均已明确规定单位的环境权。

由于环境权中的"享用适宜环境"包括开发、利用基本环境资源，享受适宜的基本环境条件。所以有的法律分别规定：单位有依法合理开发利用基本环境资源的权利（开发利用权），依法向环境排放其基本生产生活废物的权利（排污权），依法享有适宜的生产、劳动、经营环境的权利（劳动环境权）。有人认为，"法人或其他组织不是环境权的主体"，其主要理由是列入单位环境权的内容（如开发

① [美] 爱蒂丝·布朗·魏伊丝；汪劲，于方，王鑫海 译. 公平地对待未来人类：国际法、共同遗产与世代公平 [M]. 北京：法律出版社，2000.
② [日] 阿部照哉. 宪法（2）[M]. 东京：有斐阁，1983.

利用权、排污权等）乃是传统的财产权、经济自由权的内容。①其实，单位环境权不等于单位的财产权和经济自由权，在现代社会一个单位也像一个人一样在人类生态系统中占有一个特定的生态位，需要其赖以生存和发展的最基本的环境资源条件，这些基本的环境资源条件是该单位所必需的，但却不是该单位所独占或排他的单位私有财产。

任何单位及其生产、经营或业务活动，都必须占用基本的场所、空间，使用基本的环境资源和自然力，都需要适宜的自然环境条件，如果这些场所、空间、自然力和环境条件受到污染和破坏，单位的生存和发展就会受到影响和损害。这就是单位环境权存在的现实基础。单位环境权是个人环境权的自然延伸。由于在现代生活中个人常以一定的单位（团体、组织、公司等）形式出现，环境污染和环境破坏主要由企业事业单位造成，环境保护也总表现为某个聚落环境中一群人的共同活动，因此，处于国家环境权和个人环境权之间的单位环境权，具有承上启下的特殊作用。实践证明，单位环境权是该单位开发利用保护其赖以生存的基本环境资源、排放维护其生存的基本废物的法律保障，是该单位参与政府环境管理、提起单位公益环境诉讼的法律依据，也是协调发展生产和保护环境、个人和集体之间的环境利益的重要工具。

3. 国家环境权

国家环境权是指国家有享用适宜环境的权利，也有保护环境的义务。"享用适宜环境的权利"，包括：对国家管辖权内的环境和资源，各国有按照本国的环境与发展政策开发、利用本国环境、资源的主权权利；对影响和决定该国生存、发展的各种环境条件，各国有享用该国赖以生存发展的各种环境条件的自然权利；对国家管辖权以外的人类共有的环境和资源，各国有依照国际法享受、开发、利用人类共有环境、资源的权利。"保护环境的义务"，包括：对国家管辖权内的环境和资源，各国有通过各种措施和途径对其加以保护、改善、治理和管理的义务；对国家管辖权内的人为活动，各国负有确保在其管辖范围内或在其控制下的活动不致损害其他国家或在各国管辖范围以外地区的环境、资源的义务；对国家管辖

---

① 吴卫星. 环境权研究 [M]. 北京：法律出版社，2007.

权以外但对全人类的生存和发展有影响的环境和资源，各国有根据国际法公平、合理地承担保护和改善环境和资源的义务。国家环境权是"国家在环境方面的国家主权原则""各国对其自然资源拥有永久主权原则""国家环境责任原则""不损害他国环境和各国管辖范围以外环境的原则""禁止转移环境污染和其他环境损害原则"等原则的集中体现。

在国内法中，特别在国家宪法和行政法中，国家的职权或职责既是国家的权利，也是其义务；国家环境权既是国家的基本环境法律权利又是国家的基本环境法律义务。因此，国家环境权就是国家的基本环境职责。目前许多国际环境法律和政策文件，已经承认或规定国家环境权或国家的基本环境职责，许多国家在其宪法或其他国内法律中也规定了国家保护和改善环境、合理开发利用自然资源的基本职责。到 1995 年，有 60 多个国家的宪法或组织法、100 多个国家的综合性环境法律纳入了国家保护环境和自然资源的特定条款，都对国家环境权即国家的基本环境职权或职责做了明确的规定。

人认为"国家不是环境权的主体"，其主要理由包括"环境权既是公民权利，又是国家权力，不免自相矛盾"，"环境权的内容实质上是对于良好或健康环境的享受权，是一种生态的、文化的、审美的精神意义上的权利，只能为具有自然生命的主体所享有"。[①]按照这种理解，根本不需要列举其他理由，仅凭单位、国家、人类不是"具有自然生命的主体"这一条就足以否定单位、国家的人类环境权；正如以往某些学者否定法人权利、集体权利和国家权利的逻辑一样。另外，环境权主要是一种物质意义上的权利，它不仅是一种精神享受，更多的是一种物质利益享受，它主要反映权利主体的赖以生存发展的基本物质条件，说环境权是一种"精神意义上的权利"容易造成误解。有人还以"国家的环境主权与公民环境权有着极大的差异"为理由否定国家环境权，这其实是国家环境权存在的理由，正是因为国家环境权不是公民环境权，所以才提出国家环境权的主张。必须指出的是，环境不是可以垄断或独占的私有财产，不适用"一物一权"的物权原则，凡是生活在环境中的一切个人和集体（包括个人、单位和国家）都可以同时享用其

基本环境权利，这里没有自相矛盾。

国家环境权存在的主要理由是，每一个国家都是地球生物圈中的一个集体（民族共同体），环境是所有国家赖以生存和发展的基本条件，享用环境是不可剥夺的国家自然权利；保护环境是国家作为国际社会成员理应承担的基本义务，在某些领域甚至是"对一切"义务（obligation erga omnes），是为维护人类环境道德价值和人类环境共同利益所必需的、绝对的国际责任。如果一个国家赖以生存和发展的环境受到污染和破坏，也就损害了该国立国和发展繁荣的基础。从国际法看，国家环境权是一种国家主权性质的国家权利，是主权国家独立自主地开发、利用、保护、改善本国环境资源的基本权利。从国内法看，国家环境权是国家代表全体国民管理环境的职责，是国家组织开发、利用、保护、改善环境资源的活动的依据。因此，国家环境权作为全体国民委托并由国际社会承认而产生的一种环境权，对个人和单位环境权而言具有指导作用；对国家参与国际环境活动、处理国际环境事务而言具有国家主权权利的性质和作用。国家环境权也是国家机关依法提起环境公益诉讼的依据。国家环境权的确立为加强国家环境管理和国际环境合作提供了法律依据。

4. 人类环境权

人类环境权是指人类作为整体有享用适宜环境的权利,也有保护环境的义务。人类环境权的主体是整个人类，它反映了世界各国和人类全体的共同利益。人类这一概念包括：在国内法中，是指全社会、全民族的当代人和后代人的集合；在国际法中，是指各个国家的人的集合、当代人和后代人的集合。人类环境权的客体是人类共有共享的整体环境，主要包括国家主权管辖范围之外的共有环境、人类共同继承遗产，如公海、海底区域、南极、外层空间、月球和其他天体。人类环境权明确了人类环境、人类环境问题和人类环境保护与作为环境法主体的人类的关系，使人类在从事环境资源开发保护活动中有了共同的语言，是人类参与有关人类环境保护活动并享有相应权利和承担相应义务的依据。

在一个相当长的时期内，许多人认为所谓人类权利是荒谬的、虚假的，但人类环境权的发展却打破了这种想法。传统国际法只承认国家的权利和利益，不承认超国家的或全人类的权利和利益；不把人类作为国际法的实体，即不在国家与整体国际社会之间建立国际法律关系。但是,整体国际社会的组织化、人格化（如联合国的组织健全和权力加强）和国际环境保护的实践正在冲破传统国际法的樊篱。第二次世界大战后，随着全球性环境和发展问题的产生，在联合国等国际组织的推动下，国际人权继第一代人权（个人的基本权利）、第二代人权（经济和社会方面的集体权利）之后，进入了以环境权等新兴人权为标志的第三代人权的新阶段。有的专家认为："随着第三代人权概念的出现，国际法将出现一个新的主题，即人类本身地球义务对国际社会的每一位成员都有约束力。国际条约越来越多地把人类作为国际法的正当的主体。"①人类环境权的形成在很大程度上归因于人类对环境问题的共同关心和对人类环境的共享共管。目前一些国际条约已明确国际环境保护和可持续发展必须考虑全人类的环境利益和人类子孙后代的环境利益，甚至明确赋予全人类、人类后代而不仅仅是某个国家和当代人对人类共同环境资源或人类共同继承遗产（如公海、公海海底区域、南极、月球和其他外天体等）的环境权。例如，《联合国海洋法公约》明确规定："国际海底区域及其资源是人类共同继承财产"，对这些资源的"一切权利属于全人类，由海底管理局代表全人类来行使"。《生物多样性公约》申明"确认生物多样性的保护是全人类的共同关心事项"，"决心为今世后代的利益，保护和持久使用生物多样性"。

目前一些国家的法律，已明确规定环境保护和可持续发展必须考虑全球环境利益和子孙后代的环境利益，甚至赋予作为下一代的儿童和子孙后代的环境权。人类环境权的基本意义是要求人类在开发保护环境资源时要兼顾世界各国和人类各代的环境权益，为全人类及其子孙后代保护环境。人类只有一个地球。全球气候变化、臭氧层破坏、跨国酸雨、全球沙漠化和全球水危机等当代全球环境问题跨越国界、时代，危及各国和人类各代的利益、生存和发展，全人类和世界各国都关心地球的命运、安危和保护问题。国际社会成员在进行各种对人类环境有影响的行为时，必须兼顾本国和其他国家的利益、当前和长远利益、当代和后代的利益，保护和改善环境。"人类共同继承财产""人类世界遗产""人类公有物""全球公地"等的开发、利用和保护关系到全人类的共同利益，应由世界各国共享和

---

① [美]爱蒂丝·布朗·魏伊丝；汪劲，于方，王鑫海 译. 公平地对待未来人类：国际法、共同遗产与世代公平 [M]. 北京：法律出版社，2000.

共管，如国家管辖范围以外的海床和洋底及其底土、公海、南极、外层空间（包括月球和其他天体）、臭氧层等应由全人类和世界各国共享共管；对于在国家主权管辖范围内而又对全人类具有影响的某些环境资源的保护，如生物多样性、全球气候变化、根据《保护世界文化和自然遗产公约》需要作为全人类世界遗产的一部分加以保存的文化和自然遗产，应视为全人类共同关心的事情，整个国际社会有责任进行合作、予以保护。人类环境权正在成为国际环境保护活动的指导思想，它所具有的国际意义大大超过它在国内法方面的意义。实际上，人类环境权正在成为国际环境保护合作的法律依据和法理基础，这已得到许多国际环境法律文件的确认。

我国环境法学界早已介绍人类环境权的思想，近年在中国法理学界也有学者认为环境权是指作为一个整体或地球上的所有居民共同享有的权利。徐祥明教授认为，环境权是属于人类的"环境权是人类的权利，是整体的人类对人类生存繁衍所依的整体环境的权利"[1]。从法学理论上看，人类环境权是一种代际权或多代人的权利，反映了当代人和子孙后代的共同利益和愿望；它是环境公平或环境正义原则的产物。

二、资源权的概述

（一）资源权概念

我们这里所说的资源权，是指自然资源权。在环境资源理论中，资源权是一个还没有得到完全统一界定的概念。蔡守秋教授在其《环境与资源法教程》中认为，自然资源权是指有关自然资源的基本权利，实际上是将有关自然资源的占有权、利用权、处分权、收益权等，简称为自然资源权；将涉及自然资源权的各种权利，包括民法中的物权和财产权，经济法中的所有权和产权，自然资源法中的林权、土地权、矿产权、水面使用权等，都纳入自然资源权的范畴。而在蔡教授的另一篇文章《论水权体系与水市场》中，蔡教授认为，水权是由水资源所有权、水资源使用权（用益权）、水环境权、社会公益性水资源使用权、水资源行政管

---

①徐祥明.环境权论——人权发展历史分期的视角 [J]. 中国社会科学，2004（4）.

理权、水资源经营权、水产品所有权等不同种类的权利组成的水权体系，水资源产权则是一个混合性的权利束。环境保护法主要强调水环境权，自然资源法主要强调水资源所有权和使用权，私法（民商法）主要强调用益权（地上权、地役权）、水役权、河岸权等水资源物权和水产品所有权，经济法主要强调水资源产权，行政公法主要强调水资源的社会公益性权利和行政管理权。虽然蔡教授在此文中谈的是水权，但，水权是一种特殊的资源权，此文中的水资源环境权、行政管理权等，是《环境与资源法教程》中未包含的资源权内容。因此，资源权中应包括哪些内容，目前还是一个颇有争议的问题。

我们结合民法中的物权理论，将资源权定义为：权利主体对自然资源所享有的占有权、利用权、处分权、收益权等权益。资源所有权是最完整的物权，但由于我国的资源所有制关系，资源所有权的主体主要为国家和集体，而且，我国是禁止资源所有权的转让的。为此，我们将研究的重点放在可以与所有权相分离的占有、使用、收益、部分处分等权益上。

（二）资源权的内容

1. 资源占有权

《牛津法律大辞典》称，占有，在法律上有两种含义：一是表示人们对财产的实际控制，不涉及任何法律权利问题；二是表示人们对财产的受到法律承认和保护的合法占有。第二种意义上的占有，有两个因素：占有意图（意欲占有某财产并排除其他人对该物的占有）和实际占有（能够占据或控制某项财产并排除其他人对该财产的控制）。这两个要素是可以分开的。因此，占有与占有权既相联系又相区别。占有权是构成财产权或财产所有权的一种权利。占有权的取得常常以事实占有为基础，但是事实占有并不必然表明为合法占有。另外，财产的所有人还可以单独地把财产占有权授予他人。例如，在财产所有人将其财产权的客体租与他人或借与他人时，便是如此。此外，他人可以取代财产所有人对其财产的占有。例如，盗贼从财产所有人处或者从代表财产所有人的合法占有人如借用人处盗走占有权的客体情形，便是如此。

资源法上的占有权，是指对自然资源的受到法律承认和保护的合法占有权。最常见也最重要的是自然资源所有权人对资源的占有权。其次是自然资源的承租人、受让人、管理人从所有人处获得的实际控制权。以我国土地资源为例，我国土地实行公有制，即国有制和集体所有制，因此土地所有权人国家和集体是最常见和最重要的占有权人。全民所有，即国家所有土地的所有权由国务院代表国家行使，国务院是国有土地的占有权人，县级以上地方人民政府具体管理所属国有土地，因此作为具体管理者，县级以上地方人民政府也是国有土地的占有权人。

国家通过划拨或有偿出让土地使用权，实际取得使用权人便取得了土地的实际占有权。集体性质的土地，所有权人出租其使用权后，承租人取得了土地的实际占有权。

2. 资源利用权

利用权，常称使用权。含义比较复杂。它可指所有权的一项权能；又指人们对非自己所有的财产的利用或使用权。后一种意义上的利用权，包括有偿获得的使用权和无偿获得的使用权及基于特定的法律关系取得的使用权（如相邻权等）。环境资源法理论中的使用权包括前述两种意义，且对非自己所有的财产的利用尤为关注，如无特别说明，本章后文所讲使用权是指非自己所有的财产的利用权。对非自己所有的财产的利用权，根据自然资源客体不同，在我国自然资源的使用权包括土地使用权、森林使用权、草原使用权、水使用权、采矿权等。土地使用权包括国有土地使用权和集体土地使用权。国有土地使用权是指自然人或法人依一定的法律程序取得和使用国有土地的权利。集体土地使用权是公民或法人通过承包或租赁而依法取得集体土地的使用权利，另外，集体经济组织成员通过申请审核批准而获得宅基地使用权也是集体土地使用权获得的情形之一。森林使用权，是指公民或法人依照法律或合同取得利用属于国家所有或集体、个人所有的森林的权利。草原使用权，是指自然人或法人对属于国家或集体所有的草原依法或依约取得使用的权利。水资源使用权是指自然人或法人依法取得对国有水资源进行利用的权利。采矿权是指自然人或法人依照法定的程序所取得的开采国家所有的矿产及其伴生、共生矿产的权利。

3. 资源处分权

处分权，通常指转让权、出卖权、抵押权、变更用途等权利。一般而言，传统民法上的所有权伴生处分权，但根据法律规定或合同约定，从所有权人处获得的使用权仍可以具有部分处分权。如土地使用权的转让，我国现在已建立了土地转让的一级和二级市场。然而，从环境保护视角，资源所有权人或使用权人对相应权利的处分都不是无限制的。如我国法律规定林木所有者采伐所属林木要经过主管部门审批等。当然，环境资源法上的限制纯粹是基于环境公益考虑，而不夹杂经济利益衡量，否则将可能有失公允。

一般而言，从所有权人处获得的自然资源使用权除法律有特别规定或当事人特别约定外不得转让、出卖、变更用途。为适应市场经济的要求，法律对处分权的限制越来越少，但另一方面，为保护资源和环境，限制越来越多。比如，为适应市场经济的要求，我国修改了土地使用权不得转让的规定，同时近年来为保护基本粮田，我国又对基本粮田的处分做了十分严格的限制。

4. 资源收益权

收益权是指主体通过对财产的占有、使用、处分而获得收益的权利。自然资源的收益权，包括两种类型：一是基于所有权而获得的收益的权利，如通过转让、出租自然资源而获得的收益之权利；二是通过获得自然资源的使用权后，对自然资源进行管理、改造或整理、开发而获得的收益之权利。

（三）自然资源权的功能

第一，自然资源权是主体合法占有、利用、处分资源并从中取得收益的基本法律依据。没有资源权，就没有对资源占有、开发、利用、处分、收益的法律秩序，就会造成土地、水、森林、草原、野生动物资源的占有、利用、处分、收益的混乱。随着环境问题和资源危机的日益凸显，资源权对保护、改善环境资源的作用越来越大，已经成为保护、改善资源的法律武器。对资源的污染、破坏、浪费、损害，不仅是对资源本身的损害，也是对资源权的损害，是对资源权利享有人的损害。一些资源市场实际上是资源权利的交易市场。资源权本身所固有的权能特别是其中的对资源的自由处分权能，是促进资源权流动、资源产品交易、资源市场建立健全、资源市场行为规范化的法律基础。

第二，自然资源权是实施有关自然资源的经济政策和经济手段的基本权利制度。大部分有关自然资源的经济政策和经济手段都离不开自然资源权。一方面，明确各种与环境资源活动有关的资源权利，是市场经济机制和有关自然资源的经济政策和经济手段发生作用的前提和基础；另一方面，确定和保障资源的权属，本身就是一项重要的环境经济政策。目前各国通过立法采用的经济政策和经济手段，主要有两个大的方面：一是建立健全环境资源市场的政策，如建立土地市场

（实行土地所有权、使用权的流动、买卖和转让），受控制的资源产品市场（如实行可交易的狩猎配额、开发配额、水资源配额、矿产资源配额、水产品配额等）；二是采用各种市场调控的手段和管理制度，如征收土地使用费、土地税等各种调控资源权力流动的手段和制度。

第三，自然资源权是克服外部不经济性的重要途径之一。资源问题，主要是指由于人为活动所造成的自然资源污染、破坏、浪费、紧缺、枯竭等现象。从经济分析的角度看，包括资源开发利用活动在内的经济活动的外部性或外部不经济性，以及各种与环境资源保护有关的自然资源权利失灵，是造成自然资源问题和资源开发不可持续的基本原因。促使外部不经济性内部化的一个基本途径是，明确资源的所有权和使用权，即通过明确资源权属来解决外部不经济性问题，这一主张的提倡者在学术界称为所有权学派。该学派以经济学家科斯（Ronald Coase)为代表，认为所有权、财产权失灵是市场失灵的一个根源，只要明确界定自然资源权属关系特别是所有权关系，就可以通过市场主体或经济行为主体之间的交易活动或经济活动有效地解决外部不经济性问题，即通过产权的明确界定可以将外部成本内部化。所有权学派在环境保护领域的代表是自由市场环境主义（Free Market Environmentalism)，其理论主张的核心是一套界定完善的自然资源产权制度。自由市场环境主义认为：市场能够决定资源的最优使用，而要建立有效率的市场、充分发挥市场机制的作用，关键在于确立界定清晰、可以执行而又可以转让的产权制度，如果产权权限不清或得不到有力的保障，就会出现诸如"公有地的悲剧"，即，过度开发资源或浪费、破坏、污染资源的现象。

第四，自然资源权是一个民族国家的立国之本。在国际社会，一个国家或民族的自然资源权是关系到该国或该民族经济、社会发展和国家民族生死存亡的重要问题。随着国际经济秩序和国际环境资源事务的发展，国际环境资源领域的许多斗争都涉及资源权问题，资源在国际法中的地位日益提高，国家对自然资源的永久主权已经成为国家主权的一项重要内容。

很早以来，特别是 1958 年 12 月 12 日联合国决定成立自然资源永久主权问题委员会以来，诸如《关于自然资源之永久主权宣言》等许多国际法律政策文件都已明确规定自然资源权的内容。例如，《经济、社会、文化权利国际公约》规定："所有人民有为他们自己的目的自由处置他们的自然财富和资源的权利，而不得损害根据基于互利原则的国际经济合作和国际法而产生的任何义务。在任何情况下不得剥夺一个人自己的生存手段。"因此,在国际环境资源保护和经济发展领域,确定自然资源权,对国家、民族和个人的长远发展,都具有重要的意义和作用。

(四) 土地资源权

1. 土地所有权

（1）土地所有权的概念

作为民事权利的土地所有权,是指土地所有人依法对自己的土地享有的占有、使用、收益和处分的权利。根据《民法通则》第71条的规定,所有权是指所有人依法对自己的财产享有的占有、使用、收益和处分的权利,在民法上土地被视为一种重要财产,因此土地所有权是一种财产所有权。按照民法理论,土地所有权作为民事权利,是指所有者在法律规定的范围内按照自己的意志、独立自主地、不受任何第三者妨碍地占有、使用、收益、处分自己土地的权利,它具有区别于其他物权和债权的如下特征：

第一,土地所有权的完整性。土地所有权包括对土地的占有、使用、收益、处分的权利,是一种全面、充分、完整的物权。这与只享有土地所有权中部分权利的土地使用权、土地承包经营权大不相同,即所有人对土地有完全占有权。

第二,土地所有权的单一性,又称独立自主性。土地所有权是一种不依赖、不从属于其他权利而独立存在的自主占有、使用、收益、处分自己土地的权利。土地所有权行使的范围和方法由所有权人依法按照自己的意愿决定,不必依靠他人的许诺。土地所有权是一种自物权,这与他物权或者由土地所有权派生出来的其他财产权不同。法定范围内的独立自主性,被认为是土地所有权乃至整个土地法的灵魂。

第三,土地所有权的法定有限性。目前,绝对自由的土地所有权已不复存在,就是把财产权誉为天赋人权的资本主义国家也从法律上对土地所有权规定种种限制,例如：规定对土地的利用必须"无损他人、有助公益"（弹性限制）,禁止某种土地利用（刚性限制）。但是,土地所有权同其他物权和债权不同,债权和其他物权不但受法律限制而且还为包括所有人在内的其他人的同意与许诺所限制,但对土地所有权的限制只能通过法律设定。目前我国也对土地所有权进行了法定限制,例如我国《宪法》规定："任何组织和个人不得侵占、买卖或者以其他形式非法转让土地""一切使用土地的组织和个人必须合理地利用土地"。《土地管理法》规定："国家为了公共利益的需要，可以依法对集体所有的土地实行征用"。

第四，土地所有权的社会性，又称排他性。土地所有权是一种对世权，它一旦产生，就与周围一切人结成权利义务关系；任何人都必须承担义务，不实施妨碍土地所有人行使权利的行为，否则可能构成侵权行为而依法受到制裁。这与只对特定当事人约束力的债权等对人权大不相同。

占有权、使用权、收益权、处分权是土地所有权的四项内容。这四个内容相互联系、相互影响、相互区别，共同构成土地所有权这一整体。一般而言，享有占有权是行使土地使用权、处分权、收益权的前提和条件，实施土地使用权、处分权是实现土地收益权的方式和途径，实现土地收益权则是占有、使用、处分土地的目的。如果一个土地所有权人仅仅享有占有土地权，而不行使土地使用、处分和收益权，这种占有不仅毫无意义而且意味着土地资源的浪费。这四个方面缺少任何一个方面，都会使原来完整的土地所有权成为不完整的或者在时间上受限制或者在权利内容上受限制的土地所有权。

（2）国家土地所有权

①国家土地所有权的概念。国家土地所有权，是指国家依法占有、使用、收益、处分国家土地的权利，是土地国家（全民）所有制在法律上的体现。

国家土地所有权是土地所有权的一种重要形式，它与社会主义制度并无必然联系。迄今为止，人类社会已出现奴隶制国家的国家土地所有权、封建制国家的国家土地所有权、资本主义国家的国家土地所有权和社会主义国家的国家土地所有权等形式。在我国，人民是国家的主人、是国家所有的土地的主人；国家土地所有权，实质上就是全体人民通过自己的国家占有、使用、收益、处分自己土地的权利，因此，我国的国家土地所有权又称全民土地所有权。

②国家土地所有权的法律特征。国家土地所有权是在我国现阶段起重要作用的一种土地所有权，它具有如下法律特征：

第一，国家土地所有权的主体是国家，即国家所有的土地只属于国家。在现代社会，一般把一个国家的政府作为该国的法定代表，所以国家土地所有权也称国家政府土地所有权，国家政府土地所有权的主体当然是国家政府。在过去，似乎各级政府都可以代表国家行使土地所有权，直到1998年修订《土地管理法》

才明确规定："全民所有，即国家所有的土地的所有权由国务院代表国家行使。"在中国，由于国家土地所有权的实质是全民土地所有权，因而只有代表全体人民意志和利益的国家政府才能作为国家土地所有权的主体；不但任何单位和个人不能充当国家土地所有权的主体，而且国家政府不能按照少数人的意志和利益行使国家土地所有权。

第二，国家土地所有权的客体是国家所有的土地。我国宪法和《土地管理法》对国家土地所有权的范围作了原则规定。《土地管理法实施条例》(1991 年 1 月)第 3 条进一步规定，下列土地属于全民所有即国家所有：城市市区的土地；农村和城市郊区中依法没收、征收、征购、收归国有的土地（依法划定或者确定为集体所有的除外）；国家未确定为集体所有的林地、草地、山岭、荒地、滩涂、河滩地以及其他土地。但是，由于历史的和其他各种原因，在现实生活中对某些土地的权属问题往往很难确定。为此，《确定土地所有权和使用权的若干规定》(1995年 3 月)对土地所有权、使用权的客体的范围作了具体规定。

第三，国家土地所有权的内容包括占有、使用、收益、处分国有土地的权利。但是，由于国家或者国家政府是政治组织而不是经济组织，国家不一定始终对每块土地都同时行使占有、使用、收益、处分的权利，国家也没有必要直接去开发、利用、经营管理国有土地；也就是说国家在某段时间、某种条件下可以依法转让其国家土地所有权中的部分权利，或者说国家土地所有权和国家土地使用权可以依法分离。

第四，国家土地所有权的取得，可以采取集体土地所有权所不能采取的方式。目前我国现有的国有土地，主要采取如下方式取得：接管旧中国的国有土地，没收旧中国外国资本、官僚资本所有的土地，实行土地国有化，依法没收、征用、征收、征购、收归土地。

（3）集体土地所有权

①集体土地所有权的概念。集体土地所有权，是指劳动群众集体在法律规定的范围内占有、使用、收益、处分自己土地的权利，是土地集体所有制在法律上的体现。

我国的集体土地所有权，是通过合作化对农业实行社会主义改造的产物，是人类历史上一种特定的、具有中国特色的土地所有权法律制度。它具有社会主义的属性,是社会主义土地所有权的一种重要形式,不同于资本主义国家的私人(包括私人企业)土地所有权。迄今为止,集体土地所有权的土地,既不属于相应集体组织中任何成员所有,也不属于相应集体组织的全体成员共有(指民法上的共有);也就是说,属于集体土地所有权的土地,既不因相应集体组织的任何成员的退出、流动、生死而引起土地所有权的转移,也不能仅由相应集体组织全体人员的一致同意去改变该集体土地所有权的性质,更不能仅由相应集体组织的任何成员(包括由该集体组织推选出来的代表)以个人名义去改变集体土地所有权的性质。这里的改变,主要指变集体土地所有权为国家土地所有权、私人土地所有权,或者将由农村集体经济组织使用的土地转为非农村集体经济组织使用。

②集体土地所有权的法律特征。根据法律对集体土地所有权的主体、客体、内容等有关规定,目前我国的集体土地所有权有如下法律特征:

第一,集体土地所有权的主体较之国家土地所有权的主体复杂。我国集体土地所有权没有一个在全范围内的统一主体。在农村经济体制改革以前,我国农村集体土地长期实行公社、大队、生产队三级所有,以队为基础。随着农村经济体制改革的发展,政社合一的人民公社体制已不复存在,取而代之是乡(镇)政权、村民委员会与农村地区性集体经济组织。为了稳定农村土地集体所有制,《民法通则》和《土地管理法》对集体土地所有权的主体规定了三类。一是村农民集体,即集体所有的土地依照法律属于村农民集体所有。如果以村为单位有统一的农业集体经济组织,则由该组织行使土地所有权,负责经营管理;如果以村为组织,则由该组织行使土地所有权,负责经营管理;如果以村为单位没有统一的农业集体经济组织,则由村民委员会代管,行使土地所有权,负责经营管理。这里,一个村只有一个村民委员会和一个统一的农业集体经济组织。二是农业集体经济组织的农民集体,即村农民集体所有的土地已经分别属于村内两个以上农业集体经济组织所有的,可以由村内各该农村集体经济组织或者村民小组经营管理。该村相当于原来生产大队行政村,土地原来就分别属于两个或者两个以上生产队;改革后,该村继续保留两个或者两个以上的农业集体经济组织,则土地所有权不变,仍然属于相当于原生产队的各该农业集体经济组织的农民集体所有。三是乡镇农民集体,即已经属于乡镇农民集体经济组织所有的土地,可以属于乡(镇)农民集体所有。这主要是指少数原来实行公社为基本核算单位,土地归公社所有的乡

（镇）的土地和归乡（镇）农林牧渔场及工业企业使用已经属于乡（镇）所有的土地。从所有权或物权理论上讲，国家土地所有权的主体和集体土地所有权的主体的法律地位应该基本平等，即所有权的主体对其所有的土地应该享有同样的占有、使用、收益、处分的权利，这才称得上是不同的两种所有权，这两种土地所有权相互交流才能正常运作；但实际上，我国集体土地所有权的主体既不确定，也不是名副其实的物权主体。

第二，集体土地所有权的客体是集体所有的土地。我国《宪法》和《土地管理法》对集体土地所有权的客体范围作了原则规定。《土地管理法》第2条规定："农村和城市郊区的土地，除由法律规定属于国家的以外，属于农民集体所有；宅基地和自留地、自留山，属于农民集体所有。"因此，集体土地所有权的客体包括：集体所有的耕地；集体所有的森林、山岭、草原、荒地、滩涂等所占土地；集体所有的建筑物、水库、农田水利设施以及教育、文化、科学、体育、卫生等设施所占（集体）土地；集体所有的农林渔牧场以及工业企业使用的（集体）土地；农民使用的宅基地。为了划清集体土地所有权和国家土地所有权的客体的界限，《确定土地所有权和使用权的若干规定》对集体土地所有权的范围作了具体规定。

第三，集体土地所有权的内容包括占有、使用、收益、处分这四种权利。目前，有人认为，作为民事权利的集体土地所有权实际上是一种不完全的物权，或者说是由国家和集体共享的土地所有权，主要表现在集体土地所有权中的处分权较之国家土地所有权中的处分权受到更多的限制，农村集体土地所有权的最终处置权属于国家。根据我国现行法律，集体土地所有权人只能向本集体成员分配集体土地承包经营权，既不能擅自出卖、转让集体土地所有权，也不能擅自出让集体土地使用权以供集体土地使用权再行转让。如果仅从土地所有权的处分权看，我国目前的集体土地所有权实际上也是国家控制的土地使用权。

第四，集体土地所有权的取得和消失。我国农村集体土地所有权的形成和取得，主要通过国家对农业实行社会主义改造、农业合作化和人民公社化将土改时分配给农民的土地变为集体土地等途径和方式。国家为了公共利益，对集体土地可以实行征用，被征用的土地的集体土地所有权即行消失，集体土地所有权转变为国家土地所有权。

2. 土地使用权

（1）土地使用权概述

①土地使用权的概念。中国法律并没有对土地使用权作出明确的定义。《民法通则》第 80 条和《土地管理法》第 9 条仅规定，国有土地和农民集体所有的土地，可以依法确定给单位或者个人使用，国家保护它的使用、收益的权利以及承包经营权。因此，不少教科书把目前我国的土地使用权定义为：全民所有制单位、集体所有制单位或者公民个人在法律允许的范围内对依法交由其使用的国有土地或者集体所有的土地的占有、使用、收益的权利。按照这种定义，土地使用权与土地所有权的区别是，前者没有土地处分权，后者有土地处分权。显然随着土地使用权转让制度的确立和《房地产法》《土地管理法》的颁布和修订，这一定义已不符合我国现行法律的规定。根据现行法律，应该将目前我国的土地使用权定义为："单位或者个人依照法律或合同对不属于其所有的土地所享有的占有、使用、收益和处分的权利"。

②土地使用权的法律特征。根据上述定义，土地使用权具有如下法律特征：

第一，土地使用权是中国法律特别设定的一种土地权。首先必须明确的是，这里的土地使用权，与前述土地所有权中的土地使用权（或权能）既有联系又有区别。作为土地所有权内容之一的土地使用权，是相对于作为土地所有权内容的土地占有权、收益权、处分权而言的，不能代替占有权、收益权、处分权。这里的土地使用权，即派生于土地所有权又独立于土地所有权，它名义上叫土地使用权，实际却包括土地占有权、使用权、收益权甚至处分权的内容。因此，现行土地使用权是根据我国国情设立的各种土地使用权的总称。其中有些土地使用权没有处分权，而有些土地使用权有处分权，或者说是一种变相的、在时间和范围方面受到限制的土地所有权。

第二，土地使用权是一种新型的、社会主义物权，它既具有派生性，又具有独立性。现行土地使用权是从土地所有权派生出来的，没有土地所有权也就没有土地使用权。土地所有权和土地使用权两者都是物权，土地所有权是完整意义的物权，是自物权；土地使用权是非完整意义的物权、是他物权。土地使用权是来源于土地所有权的物权。土地使用权人对土地所有权人的土地的占有、使用、收益乃至处分的权利，是根据法律从土地所有人的土地所有权中转移过来的，没有

113

土地所有权人的同意，土地使用权就无法产生。但是，土地使用权一经产生，就与土地所有权分离，成为一种独立的物权。按照民法理论，使用权并非都是物权，例如因租赁合同产生的承租人的使用权其性质一般属于债权（但已日趋物权化）。但是，我国《民法通则》却把土地使用权视为物权。

第三，土地使用权具有排他性。土地使用权是一种排他性的对世权、绝对权。土地使用权的权利主体为特定的土地使用人，土地使用权人自行、依法对由其使用的土地行使占有、使用、收益乃至处分的权利，无须第三人协助，并排斥第三人的妨碍。土地使用权的义务主体是不特定的任何人，任何人都必须对土地使用权人承担不为任何妨碍土地使用权人行使土地使用权的义务，如果妨碍土地使用权人行使权利，则必须依法承担民事责任。

第四，土地使用权的产生或者获得，在土地使用制度改革以前，主要基于国家的行政批准或者行政许可；在土地使用制度改革以后，已经考虑到土地所有权人的同意和国家行政批准这两个方面。

土地使用权是一种民事权利。一般说来，作为民事权利，其产生或者获得应取决于土地所有权人和土地使用权人双方的同意这种法律行为。但是，由于现行土地使用权是我国法律特别设定的、新型的社会主义物权，对这种土地使用权的产生或者获得，起主导作用的是国家的行政批准或者行政许可。

在国有土地使用权的产生或者获得方面，由于国有土地所有权属国务院，国有土地由国务院土地管理部门及县级以上地方人民政府土地管理部门依法统一管理，单位或者个人要想从法律上获得或者确认国有土地使用权必须依法向县级以上地方人民政府土地管理部门申请，由县级以上地方人民政府审核批准、登记造册、核发《国有土地使用证》。也就是说，县级以上地方人民政府的审核批准是从法律上获得或者确认国有土地使用权的依据，而《国有土地使用证》是享有国有土地使用权的具有法律效力的凭证。在这里，国有土地所有人的意志和国家意志是一致的，这两种意志统一表现在县级以上地方人民政府的批准或者许可这种行政行为中；县级以上地方人民政府的批准或者许可这种行政行为，对国有土地使用权的产生或者获得起着主导的、决定性的作用。

在集体土地使用权的产生或者获得方面，由于集体土地所有权属村农民集体或者乡（镇）农民集体，集体土地由农业集体经济组织或者村民委员会经营、管理，单位或者个人要想从法律上获得集体土地使用权，必须首先征得集体土地所有人的同意，集体土地使用的单位或者个人与集体土地所有人之间的协议就是这种同意的书面表现形式；但是这种协议只有经过乡（镇）人民政府或者县级以上地方人民政府批准之后，单位或者个人才能从法律上获得集体土地使用权；在这里，集体土地所有人的意志与国家意志不是统一表现在同一政府的同一行政行为上，而是分别表现在集体土地所有人的民事行为和国家政府的行政行为这两个方面；并且，集体土地所有人的意志仅仅是乡人民政府或者县级以上地方人民政府审批的依据之一，而乡人民政府或者县级以上人民政府的批准文件才是单位或者个人从法律上获得集体土地使用权的依据，也就是说国家的行政批准或者行政许可对集体土地使用权的产生或者获得起着主导、决定作用。

有人认为，土地使用权的产生或者获得，在土地使用制度改革之后，已从国家的行政批准或者行政许可起主导作用，转变为土地所有人和土地使用人之间的合意（其表现形式为合同或者协议）起主导作用。根据《中华人民共和国城镇国有土地使用权出让转让暂行条例》规定，土地使用权出让应当由市、县人民政府土地管理部门和土地使用者，按照平等、自愿、有偿的原则签订出让合同，然后按照规定办理登记、领取土地使用证。在这里，依法签订的出让合同是土地使用权产生或者获得的主要法律依据，其后的登记和领取土地使用证则是对土地使用权产生的确认（与土地使用制度改革之前的批准不同），也就是说土地所有人和土地使用人之间的合意，这种民事行为对土地使用权的产生起着主导作用。

第五，土地使用人的土地使用权利和土地使用义务的不可分割性。我国法律在赋予土地使用人的土地使用权利的同时，也明确规定了土地使用人的义务。

③土地使用权的分类。从不同的角度，对土地使用权有不同的分类方法。按土地使用权赖以派生的土地所有权，可以将土地使用权分为：国有土地使用权和集体土地使用权两种。按土地使用权的主体，可以将土地使用权分为：全民所有制单位的土地使用权，集体所有制单位的土地使用权，社会团体的土地使用权，外商投资企业的土地使用权，个人的土地使用权，华侨的土地使用权。按土地使用权的客体，可以将土地使用权分为：城市土地使用权，农村土地使用权，国家特殊用地使用权，建设用地使用权，林地使用权，草地使用权，水面、滩涂的养殖土地使用权等。按土地使用权的内容，可以将土地使用权分为：享有土地处分

权的土地使用权，不享有土地处分权的土地使用权等。按土地使用权的取得方式，可以将土地使用权分为：通过划拨方式取得的土地使用权，通过签订有偿出让合同方式取得的土地使用权，通过签订承包合同方式取得的土地承包经营权，通过签订转包、转让、互换、入股合同方式取得的土地承包经营权等。按土地使用权的期限，可以将土地使用权分为：无限期的土地使用权，有限期的土地使用权，临时土地使用权等。

（2）国有土地使用权

国有土地使用权，是指单位或个人依照法律和合同对国家所有土地享有的占有、使用、收益和处分的权利。现行国有土地使用权主要有两个法律特征：第一，国有土地使用权是从国家土地所有权分离出来的土地使用权。第二，国有土地使用权的内容由法律和合同确定。

从不同角度可以对国有土地使用权进行相应的分类，常见的国有土地使用权类型如下：企事业单位的国有土地使用权，如全民所有制单位的国有土地使用权、集体所有制单位的国有土地使用权、股份有限公司的国有土地使用权等；个人的国有土地使用权，包括城市居民依法取得的对作为其宅基地的城市国有土地的占有、使用、收益、处分的权利，农民依法取得的国有荒山、荒地和荒滩的使用权；社会团体的国有土地使用权，是政党、宗教组织等社会团体依法取得的国有土地使用权，是社会团体开展活动、维护自己权益的物质条件和法律根据；华侨和外商投资企业的国有土地使用权，主要包括华侨农、林畜牧企业对国有荒山荒地的使用权，华侨或者侨眷对其住房占有的城市国有土地的使用权，外商投资企业（包括中外合资经营企业、中外合作经营企业、外资企业）依法取得的国有土地使用权；国有土地临时使用权，主要是全民所有制建设单位的国有土地临时使用权。

由于国有土地使用权的种类繁多，《确定土地所有权和使用权的若干规定》就如何确定国有土地使用权作了具体规定。

（3）集体土地使用权

集体土地使用权，指单位或个人依照法律和合同对集体所有土地享有的占有、使用、收益和处分的权利。集体土地使用权，包括集体土地建设用地使用权和集体土地承包经营权两种。在此，先说集体土地建设用地使用权，对集体土地承包经营权将结合国有土地承包权进行论述。

集体土地建设用地使用权，是指在法律上作为建设用地管理的集体土地的使用权。根据《土地管理法》第4条的规定："国家编制土地利用总体规划，规定土地用途，将土地分为农用地、建设用地和未利用地""建设用地是指建造建筑物、构筑物的土地，包括城乡住宅和公共设施用地、工矿用地、交通水利设施用地、旅游用地、军事设施用地等。"

现行集体土地建设用地使用权主要有三个法律特征：第一，集体土地建设用地使用权是从集体土地所有权中分离出来的土地使用权，是集体土地使用权的一种。第二，集体土地建设用地使用权是指非农业生产方面的使用权。集体土地使用权的内容由法律和合同确定。第三，集体土地建设用地使用权的法律关系由主体、客体和内容这三个部分组成。

集体土地建设用地使用权的主体包括法律规定的单位和个人。一般而言，集体土地建设用地使用权确定给直接使用土地的农民或农户以及农村经济组织，但法律、法规和政策文件另有规定的除外。集体土地建设用地使用权的客体范围在集体土地所有权的客体范围之内，它包括法律规定的，可以实行土地所有权与土地使用权相分离的各种集体土地，主要有宅基地和非农业建设用地。根据《民法通则》第18条和有关规定，集体土地建设用地使用权包括占有权、使用权、收益权和处分权这四项内容。从充分发挥集体土地建设用地使用权的作用和发展趋势看，赋予集体土地建设用地使用权以一定限制的四项内容，对于搞活农村经济具有重要意义。

（4）土地承包经营权

①土地承包经营权的概念和特征

土地承包经营权，是指集体或者个人在法律规定和合同约定的范围内对集体所有的土地或者国家所有的土地占有、使用、收益和处分的权利。

土地承包经营权的法律依据主要有《宪法》《民法通则》《土地管理法》和《农业法》《农村土地承包法》(2002年）等法律。《民法通则》第80条规定"公民、集体依法对集体所有的或者国家所有由集体使用的土地的承包经营权，受法律保护。承包双方的权利和义务，依照法律由承包合同规定。"《土地管理法》规定："农民集体所有的土地由本集体经济组织的成员承包经营，从事种植业、林业、畜牧业、渔业生产。土地承包经营期限为30年。发包方和承包方应当订立承包合同，约定双方的权利和义务。承包经营土地的农民有保护和按照承包合同约定的用途合理利用土地的义务。农民的土地承包经营权受法律保护。"国有土地可以由单位或者个人承包经营,从事种植业、林业、畜牧业、渔业生产。农民集体所有的土地,可以由本集体经济组织以外的单位或者个人承包经营,从事种植业、林业、畜牧业、渔业生产。发包方和承包方应当订立承包合同,约定双方的权利和义务。土地承包经营的期限同承包合同约定。承包经营土地的单位和个人有保护和按照承包合同约定的用途合理利用土地的义务"。《农业法》对国有土地和集体土地的承包经营也有相应的规定。《农村土地承包法》规定,国家实行农村土地承包经营制度。并规定,所谓农村土地是指农民集体所有和国家所有依法由农民集体使用的耕地、林地、草地,以及其他依法用于农业的土地。农村土地的承包方式主要是农村集体经济组织内部的家庭承包方式。不宜采取家庭承包方式的荒山、荒沟、荒丘、荒滩,可以采取招标、拍卖、公开协商等方式承包。遵循一定的法律程序,发包方也可以将农村土地发包给本集体经济组织以外的单位或者个人承包。

以下我们主要介绍农村土地承包经营权。

由上可知,我国相关法律对农村土地的承包经营权作出了相应的法律规定,而《农村土地承包法》是农村土地承包经营权的集大成者,是关于农村土地承包经营权规定最新的特别法。但是,根据《农村土地承包法》,该法(2003年3月1日起施行)施行之前依据相关法律法规订立的农村土地承包合同仍然有效。该法施行之后,必须遵照该法订立农村土地承包合同。根据《农村土地承包法》和相关法律规定,农村土地承包经营权具有区别于土地使用权的如下法律特征。

第一,农村土地承包经营权是我国法律特定的、具有中国特色的一种新的物权。农村土地承包经营权既不是我国法律中的土地所有权、土地使用权,也不是我国法律中的债权、国有企业的经营权,它是我国农村从人民公社三级所有向农村家庭联产承包转变的历史产物。与土地制度改革之前的土地使用权不同,它并非产生于国家授权行政机关的行政指令,而是产生于发包的农村集体经济组织或者村民委员会和承包的农民、集体之间依法签订的承包合同。但是,从这种合同产生的农村土地承包经营权,并非债权,而是一种物权。这是因为:《民法通则》明确将土地承包经营权规定在财产所有权与财产所有权有关的财产权即物权的范围内;土地承包经营权是一种排他性的对世权,承包经营人无须他人协助就可以直接控制利用其享有承包经营权的土地，包括发包土地人在内的任何人都必须承担义务，不得妨碍土地承包经营人依法行使权利。土地承包经营权的内容只包括相应土地所有权、土地使用权的部分内容，土地承包经营权确立之后，相应的土地所有权和土地使用权仍然存在。

第二，根据 1986 年《土地管理法》规定，农村土地承包经营权，是派生于集体土地所有权和（由全民所有制单位、集体所有制单位使用的）国有土地使用权的他物权。农村土地承包经营权的产生，是集体土地所有人行使其集体土地所有权的处分权和国有土地使用人行使其国有土地使用权的处分权的结果，如果没有集体土地所有人和国有土地使用人的同意则不可能产生农村土地承包经营权。派生农村土地承包经营权既有作为自物权的集体土地所有权，又有作为他物权的国有土地使用权，这说明农村土地承包经营权既不属于土地所有权的范畴，也不属于土地使用权的范畴。没有上述集体土地所有权，国有土地使用权，就没有农村土地承包经营权。但是，如果从实际内容分析并从性质上、从土地使用制度的改革上来看，派生于集体土地所有权的农村土地承包经营权类似于集体土地使用权，派生于国有土地使用权的农村土地承包经营权与再次转让的国有土地使用权有某些相似。所以《中央书记处农村政策研究室解释有关土地承包的几个问题》（1984 年 7 月）指出："社员向集体承包的土地，只有使用权，没有所有权"；《中共中央关于建立社会主义市场经济体制若干问题的决定》(1993 年 11 月）指出："在坚持土地集体所有的前提下，延长耕地承包期，允许继承开发性生产项目的承包经营权，允许土地使用权依法有偿转让"。《土地管理法》(1998 年修订）第 15 条对 1986 年《土地管理法》进行了修改，只是提到"国有土地可以由单位或者个人承包经营，从事种植业、林业、畜牧业、渔业生产"，这意味着可以从国有土地所有权（不是国有土地使用权）直接产生承包经营权，但对全民所有制单位、集体所有制单位使用的国有土地使用权是否可派生承包经营权问题，此次修改却不甚明了。之后制定的《农村土地承包法》再次明确规定，农村土地包括了国家所有依法由农民集体使用的耕地、林地、草地，以及其他依法用于农业的土地，这些土地实行承包经营制度。

②农村土地承包经营权的构成和内容。

农村土地承包经营权由主体、客体和内容这三个部分组成。

农村土地承包经营权的主体,包括单位(含"农民集体")、家庭和个人。在《农村土地承包法》实施之前,对农民集体所有的土地而言,这里的个人包括本集体经济组织的成员和本集体经济组织以外的个人;这里的"农民集体"指农村集体经营组织两个以上的成员,他们联合(合伙)承包经营土地,共同作为承包经营权的主体,不是指集体所有制单位(法人);这里的单位指本集体经济组织以外的单位。对国有土地而言,这里的个人包括农民和非农民的个人;这里的单位包括农村单位和非农村集体经济组织以外的单位。在《农村土地承包法》实施之后,农村土地主要的承包主体是家庭,除家庭外,还包括单位和个人,这里所说的单位和个人包括农村集体经济组织内外的单位或个人。家庭是一个特定的民事经济主体,在农村以户为单位,一户就是一个家庭。家庭不同于单位或合伙组织,在民法上有时把它看作自然人,但又不同于一般意义的自然人,这主要是因为农户中的成员(自然人)没有行为能力要求。

农村土地承包经营权的客体,是指集体所有的或者国家所有的土地,包括集体所有的森林、山岭、草原、荒地、滩涂和水面所占的土地,由农民集体使用的耕地、林地、草地,以及其他依法用于农业的土地。

关于农村土地承包经营权的具体内容,这里着重要说的是《农村土地承包法》的规定。根据该法规定,对家庭承包而言,承包方的主要权利是:平等承包权;使用土地权;收益权;承包经营权流转(转包、出租、互换、转让或者其他方式流转)权;自主组织生产经营和处置产品权;获得承包的土地被征用或占用的补偿权;被继承人的继承权;不受发包方单方面解除承包合同权;提前终止合同权,等等。主要义务是:维持土地的农业用途,不得用于非农建设,依法保护和合理利用土地,不得给土地造成永久性损害;法律、行政法规规定的其他义务。对其他承包方式而言,当事人的权利和义务、承包期限等,由双方协商确定。以招标、拍卖方式承包的,承包费通过公开竞标、竞价确定;以公开协商等方式承包的,承包费由双方议定,该承包人死亡,其应得的承包收益,依照继承法的规定继承;在承包期内,其继承人可以继续承包。以其他方式承包的,本集体经济组织成员享有优先承包权。关于农村土地承包经营权的期限,实际上也是农村土地承包经营权的一项内容。目前我国的农村土地承包经营权都有限期,也就是说,作为农村土地承包经营权内容的占有权、使用权、收益权和处分权都同时包括期限问题；另外，期限问题对决定农村土地承包经营权的各项内容的生存和效力具有重要作用。例如，如果农村土地承包经营权的期限是零或者很短，则农村土地承包经营权的占有权、使用权、收益权这些内容就没有什么实际意义；也就是说，凡是有时间限制的土地权利，讲其权利必须是指明其期限的权利。根据中共中央1984 年 1 号文件的规定，土地承包期一般在 15 年以上，果林承包期在 30 年以上，荒地垦殖、荒山造林及滩涂治理在 45 年至 50 年以上。《土地管理法》规定："农民集体所有的土地由本集体经济组织的成员承包经营，从事种植业、林业、畜牧业、渔业生产。土地承包经营期限为 30 年。"《农村土地承包法》第 20 条规定："耕地的承包期为 30 年。草地的承包期为 30 年至 50 年。林地的承包期为 30 年至 70 年；特殊林木的林地承包期，经国务院林业行政主管部门批准可以延长。"这是关于家庭承包地期限的规定。对其他经营方式的期限问题，该法没有作具体规定，第 45 条规定期限"由双方协商确定"，从理论上说，双方的协商的期限可以超过第 20 条的规定。关于期限问题，该法第 62 条进一步规定，"本法实施前已经按照国家有关农村土地承包的规定承包，包括承包期限长于本法规定的，本法实施后继续有效，不得重新承包土地。"

三、其他资源权

1. 水资源权

（1）水的法律含义

目前，学者们已根据水的不同社会属性，在法律上将水分成了"资源水""产品水"。资源水是指处于自然界一定的水载体范围内，可以利用或有可能被利用的，并且具有足够的数量和可用的质量，能在某一地点为满足某种用途而可被利用的淡水，简言之，就是处于自然界一定载体范围内的淡水，包括地下水和地表水。产品水是指人类为满足用水需要从资源水中提取的，处于主体实际控制和管理之下的淡水。用水人从自然资源水中取水后，此水已不再属于自然资源水的范畴。就像开采出来的矿石不再属于矿产资源的范畴一样。根据提取的水是自用还是转让，可将产品水进一步分为商品水和非商品水。商品水是指以交换为目的的产品水，非商品水是指以自用为目的的产品水。在现实生活中，除了大量的以自然形态存在的资源水外，还有更多的为国家、有关组织或个人所支配、使用并从中获得收益的水形式存在。如大江大河中的水利设施供水或自来水公司的供水。依我国《宪法》《水法》规定，这类水应该属于资源水的范畴，但事实上自然状态的资源水又有所不同，那就是包含了经过水利工程公司或自来水公司的取水、过滤、净化等一系列人类劳动。而且这类水也不是直接用于水利工程公司或自来水公司自己使用，而是通过市场销售给其他最终的用水单位或个人，从而用水单位和个人拥有了所有权，享有支配这类水的收益权和处分权。

可见，反映在所有权和使用权上，产品水与资源水的最大区别是：资源水所有权或资源水使用权是对水的来源（水体）的占有、利用、收益或处分，获得了资源水所有权或使用权就获得了源源不断地供应水的能力；产品水所有权是对一定质和量的水的占有、利用、收益或处分，获得产品水所有权只是获得一定质和量的水。有些人将产品水的所有权当作资源水所有权或资源水使用权，这是造成水资源权或水权概念混乱的一个重要原因。由于产品水是一种商品，因此对产品水而言具有实际意义的是产品水的所有权而不是产品水的使用权。

鉴于产品水与民法上的物并无二致，本书将不做详述，以下所言水资源之"水"，如无特别说明，仅指资源水之"水"。

（2）水资源的所有权

水资源所有权是指国家、单位（包括法人和非法人组织）和个人对水资源依法享有的占有、使用、收益和处分的权利，是一种绝对的物权。作为民事权利的水资源所有权的内容，包括水资源所有人依法对自己的水资源享有占有、使用、收益和处分的四种权能。水资源所有权的客体是水资源或水体，是水体中的水的所有权和土地的所有权的统一。如果从法律上将水资源所有权、使用权与水资源地（包括水资源的底土、岸滨及与水资源相邻的土地）的所有权、使用权分割开来，则应该考虑、确定水资源相关土地的所有权、地上权、地役权、岸边权。从理论上看，水资源所有权应该适用于水资源的全部功能。但是，传统民商法、经济法上的所有权重在占有、利用、收益和处分水资源的经济功能，即对水资源的经济占有、利用、收益和处分，而没有将环境功能和社会功能包括在内。

在一个相当长的时期内，江河湖海等水源作为人类无法控制、独占的共有物，没有形成水资源所有权的概念，一般用河岸权、地役权等物权来调整水资源权益。随着水资源开发利用规模的扩大和水资源问题的日益严重，普通法的有关规定已经很难适应水资源的使用和管理，一些国家的法律开始将江河湖海等水源赋予所有权概念。目前许多国家规定水资源为国家所有，也有些国家的法律规定了单位（包括法人和非法人组织）、个人水资源所有权。例如，在俄罗斯，水资源所有权分国家、单位和个人所有权等多种类型。根据俄罗斯民法，个别零散水体可以属于市镇机构或一些公民和法人所有。《俄罗斯联邦水法》(1995 年) 第 33 条规定："水体可以属俄罗斯联邦所有，也可以属俄罗斯联邦各州、区所有。"第 35条规定："所有一切水体，包括那些不属于个别市镇、公民和法人所有的零散水体，均应属国家所有制范畴。"我国《宪法》第 9 条规定，水流自然资源属于国家所有，即全民所有。2002 年修订的《水法》第 3 条规定，水资源属于国家所有。水资源的所有权由国务院代表国家行使。农村集体经济组织的水塘和由农村集体经济组织修建管理的水库中的水，归各农村集体经济组织使用。也就是说，当前我国的水资源所有权实行的是单一制——国家所有或全民所有（由国务院代表）。

（3）水资源使用权

目前我国法律没有明确水资源使用权的概念。我国《水法》第 6 条规定，国家鼓励单位和个人依法开发、利用水资源，并保护其合法权益。第 7 条规定，国家对水资源依法实行取水许可制度和有偿使用制度。但是，农村集体经济组织及其成员使用本集体经济组织的水塘、水库中的水除外。这些规定表明，单位或个人可依法取得对国家所有的水资源的使用权。一般认为，在我国，水资源使用权是指单位（包括法人和非法人组织）和个人对国家所有的水资源依法享有的占有、使用、取得经济收益和处分的权利。从理论上看，人们开发、利用和消耗水资源，原则上应该取得水资源的所有权；由于水资源所有权已经包括使用权能，水资源所有权人有权使用其所有的水资源，因而对水资源所有权人而言，没有必要设立水资源使用权。但是，现实生活是复杂的，在一个存在不同阶级、阶层和强权的社会或国家，绝大部分水资源往往为少数人拥有（水资源的私人所有制）或国家所有（水资源的国家所有制），并且拥有大量水资源的少数人往往不必或不能直接利用水资源，作为政治概念的国家也不能直接利用水资源；真正直接利用水资源的是大量非水资源所有权人。

由于经济实力和贫富差距等原因，这些人无钱或没有能力从水资源所有权人那里买到水资源的所有权。这就产生了非水资源所有权人必须直接利用水资源所有权人拥有的水资源的客观需要和矛盾。解决这一问题的可行方案是，在不改变水资源所有权的前提下，由非所有权人向所有权人支付一定费用后取得利用并收益所有权人拥有的水资源的权利。这种权利，在大陆法系国家称为用益物权，在我国多称为水资源使用权。

根据上述定义，水资源使用权具有如下特性：

第一，水资源使用权是派生于水资源所有权但又区别于水资源所有权的一种独立的物权，水资源使用权不是水资源所有权中的使用权能。水资源所有权与水资源使用权的区别仅在于：水资源使用权的行使除依法外，还要依水资源所有权人与水资源使用权人依法签订的合同。从大陆法系的物权观看，水资源使用权是一种用益物权。

第二，水资源使用权的主体具有广泛性。一切单位和个人均可以成为水资源使用权的主体。水资源使用权可以分为单位（包括法人和非法人组织）水资源使用权和个人水资源使用权两类。

第三，水资源使用权的客体是水资源（水资源是一种不可消耗物，这可以将水资源使用权与水产品所有权区别开来，水资源使用权的客体只能是水资源而不能是水产品；水产品所有权的客体只能是水产品而不能是水资源，水产品是一种可以消耗的物），是非使用者所有的水资源（水资源使用权的客体只能是非使用者所有的水资源而不能是自己所有的水资源，如果自己使用自己所有的水资源则属于水资源所有权中的使用权能）。水资源使用权实际上是一种水体（包括水及其相连的土地）使用权，是持续或连续使用水资源的权利。例如，某水电站持续利用长江水发电的使用权，某轮船持续利用长江水航行的使用权，某农村组织持续通过水渠利用长江水从事农业生产或经营活动的使用权。

根据对水资源的使用方式，水资源使用权可以分为取水权、水运权、水电权、放牧权、养殖权、旅游观光权等各种开发利用水域或水体或水资源的权利。取水权是指单位或个人有依法直接从国有水资源（包括江、河、湖泊、地下水）中引水或取水的权利，引水或取水是将水从其水体中分离出来，或将原有水体改变形状流向的行为。

取水权具有如下特征：第一，取水权的主体必须是具体的单位或个人，不能是国家或全体人民之类的抽象主体；第二，取水权的客体是水资源；第三，取水权人通过行使取水权可以形成新的水体而成为国有水资源的使用权人，也可以获得一定水量而成为该一定水量或水产品的所有人；第四，获得取水权必须经过批准或签订合同并依法或依合同交纳一定的费用，获得国有水资源（如江、河、湖泊、地下水）的取水权应该经过有关行政主管部门批准并依法交纳一定的费用，获得出让或转让国有水资源（如水库、水渠等水利工程中的水资源）的取水权应该经过国有水资源使用权人的同意并依合同交纳一定的费用。水运权是利用水域航行或运输的权利。水电权是利用水流发电的权利。放木权是利用水流放运木材、竹材的权利。养殖权是利用水域养殖、种植水生物（主要是鱼类、贝类、藻类）的权利。旅游观光权是利用水体或水域进行旅游观光的权利。

2. 矿产资源权

（1）矿产资源所有权

根据《宪法》和《矿产资源法》规定，我国的矿产资源实行单一的所有权制度，即矿产资源属于国家所有，由国务院行使国家对矿产资源的所有权。地表地下矿产资源的所有权，不因其所依附的土地的所有权或使用权的不同而改变。

（2）探矿权

探矿权，是指在依法取得的勘查许可证规定的范围内，勘查矿产资源的权利。根据《矿产资源法》的规定，探矿权的主体是一般主体，包括自然人和法人，但是必须符合规定的资质条件。另外，已经依法申请取得采矿权的矿山企业在划定范围内为本企业的生产而进行的勘查无须再取得探矿许可。探矿权是法律已明确规定的权利，探矿权人的权利包括：

第一，作业权。即有权在划定的勘查作业区内进行规定的勘查作业。

第二，取得报酬权。探矿权人依据与国家有关部门订立的合同，在履行探矿义务后，有从国家有关部门取得报酬的权利。

第三，优先取得采矿权。即探矿权人有权优先取得勘查作业区内矿产资源的采矿权。

第四，转让权。探矿权人在完成规定的最低勘查投入后，经依法批准，可以将探矿权转让他人。

（3）采矿权

采矿权，指的是在依法取得的采矿许可证规定的范围内，开采矿产资源和获得所开发的矿产品的权利。采矿权的主体是一般主体，包括自然人和法人，但是必须符合规定的资质条件。采矿权人的权利包括：

第一、作业权。即在规定的范围内自主安排生产的权利。

第二，取得和处分矿产品权。即采矿权人有权取得矿产品及对矿产品加工、销售取得经济收益的权利。

第三，转让权。在企业合并、分立，与他人合资、合作经营，或者因企业资产出售以及有关变更企业资产产权的情形而需要变更采矿权主体时，经依法批准可以将采矿权转让他人。

（4）对探矿权、采矿权的限制

探矿权、采矿权的设立，是为了发展矿业，加强矿产资源的勘查、开发利用和保护工作，保障经济建设的当前和长远需要。为此，为防范探矿权人、采矿权人滥用其权利，损害国家、社会、他人利益，法律对探矿权、采矿权作了必要限制，或者说规定了探矿权人、采矿人必要的义务。具体包括：

第一，不得将探矿权、采矿权倒卖牟利。否则，吊销许可证，没收违法所得，处以罚款。

第二，严格安全措施。勘探易损坏的特种非金属矿产、流体矿产、易燃易爆易溶矿产和含有放射性元素的矿产，必须采用省级以上人民政府有关主管部门规定的普查、勘探方法，并有必要的技术装备和安全措施。

第三，综合利用，防止浪费。开采回采率、采矿贫化率和选矿回收率应当达到设计要求；在开采主要矿产的同时，对具有工业价值的共生和伴生矿产应当统一规划，综合开采，综合利用，防止浪费；对暂不能综合开采或者必须同时采出而暂时还不能综合利用的矿产，以及含有有用组分的尾矿，应当采取有效的保护措施，防止损失破坏。

第四，保护环境。探查和开采矿产资源，必须遵守有关环境保护的法律规定，防止污染环境；应当节约用地。耕地、草原、林地受到破坏的，探矿者、采矿者应当因地制宜地采取复垦利用、植树种草或者其他利用措施；给他人生产、生活造成损失的，应当负责赔偿，并采取必要的补救措施。

第五，向指定单位销售产品。国务院规定由指定的单位统一收购的矿产品，任何其他单位或者个人不得收购；开采者不得向非指定单位销售。

3.森林资源权

（1）森林资源所有权

我国《森林法》把森林所有权分为国家、集体、个人所有。除法律规定属于集体所有的以外，森林资源属于全民所有，即国家所有；集体组织营造的林木，归该组织所有；农村居民在房前屋后、自留地、自留山种植的林木，以及城镇居民和职工在自有房屋的庭院内种植的林木，归个人所有；集体或个人承包全民所有和集体所有的宜林荒地造林的，承包后种植的林木归承包的集体或个人所有。

（2）森林资源使用权、处分权和收益权

所有人、承包人可以合法地利用森林并取得收益，也可以根据法律规定和合同的约定进行转让。《森林法》第13条规定："森林、林木可以转让；林地使用权和林木可以作为合资、合作造林、营林的出资或者合作条件。具体办法由国务院规定。"

（3）国家对森林资源权的限制

根据用材林的消耗量低于生长量的原则，国家严格控制年采伐量。依据森林经营方案和永续利用的原则，由所有人提出年采伐量，经由省、自治区、直辖市林业主管部门汇总，经同级人民政府审核后，报国务院批准。除农村居民采伐自留地和房前屋后个人所有的零星林木外，采伐林木必须申请采伐许可证，按许可证的规定采伐，并按许可证规定的面积、株数、树种、期限完成更新造林任务。

国家禁止、限制出口珍贵树木及其制品、衍生物。凡出口国家限制出口的珍贵树木及其制品、衍生物的，必须经出口人所在地的省级人民政府林业主管部门审核，报国务院林业主管部门批准；如果进出口的对象属于中国参加的国际公约限制进出口的濒危物种的，还必须向国家濒危物种进出口管理机构申请办理允许进出口证明书，海关凭允许进出口证明书放行。

4.草原资源权

（1）草原所有权

我国《草原法》规定了两种所有权：一是国家所有；二是集体所有。国家所有的草原，由国务院代表国家行使所有权。集体所有的草原，由县级人民政府登记，核发所有权证，确认草原所有权。依法改变草原权属的，应当办理草原权属变更登记手续。任何单位或者个人不得侵占、买卖或者以其他形式非法转让草原。

（2）草原使用权、草原承包经营权

《草原法》规定，国家所有的草原可以固定给集体长期使用；国家所有的草原和集体长期固定使用的全民所有的草原，可以由集体或者个人承包，从事畜牧业生产。

根据《草原法》规定，集体所得草原或者依法确定给集体经济组织使用的国家所有的草原，可以由本集体经济组织内的家庭或者联户承包经营。在草原承包经营期内，不得对承包经营者使用的草原进行调整；个别确需适当调整的，必须经本集体经济组织成员的村（牧）民会议 2/3 以上成员或者 2/3 以上村（牧）民代表的同意，并报乡（镇）人民政府和县级人民政府草原行政主管部门批准。集体所有的草原或者依法确定给集体经济组织使用的国家所有的草原由本集体经济组织以外的单位或者个人承包经营的，必须经本集体经济组织成员的村（牧）民会议 2/3 以上成员或者 2/3 以上村（牧）民代表的同意，并报乡（镇）人民政府批准。

草原承包经营权可以按照自愿、有偿的原则依法转让。草原承包经营权转让的受让方必须具有从事畜牧业生产的能力，并应当履行保护、建设和按照承包合同约定的用途合理利用草原的义务。草原承包经营权转让经发包方同意。承包方与受让方在转让合同中约定的转让期限，不得超过原承包合同剩余的期限。

5. 渔业资源权

渔业资源是指我国的内水、滩涂、领海以及我国管辖的一切其他领域的具有经济开发价值的可供渔业养殖和采捕的水生生物，主要有鱼类、虾蟹类、贝类、海藻类、淡水食用水生植物类及其他类。

（1）渔业资源所有权

渔业资源所有权的问题非常复杂，现有教科书很少论及。一般认为，渔与水有关，因此，自然状态（而非人工养殖）的渔业资源的所有权，一般归属水域所有权人。我国主权内的海、江（河）、湖泊除法律有特别规定属于集体和个人所有的水域外均属国有。承包有关水域养殖的渔业资源的所有权属于养殖人。

（2）捕捞权

捕捞权是指公民或有关组织捕捞渔业资源并获得利益的权利。公共水域的渔业资源的捕捞主体，我国法律并未加以限制，但作为一种产业，《渔业法》规定，从事外海、远洋捕捞业，必须经国务院渔业行政主管部门批准，从事内水、近海捕捞业，必须向渔业行政主管部门申请领取捕捞许可证。禁止炸鱼、毒鱼。不得在禁渔区和禁渔期进行捕捞，不得使用禁用的渔具、捕捞方法和小于规定的最小网具尺寸的网具进行捕携。禁止捕捞有重要经济价值的水生动物苗种。

承包有关水域养殖的渔业资源的捕捞权属于养殖人，养殖人也可以承包或转让给他人。

（3）渔业养殖权

公民和有关经济组织可以承包属于全民所有和集体所有的水域从事养殖业，从中获得经济利益。《渔业法》规定：（第 9 条）"国家鼓励全民所有制单位、集体所有制单位和个人充分利用适于养殖的水面、滩涂，发展养殖业。"（第 10 条）"县级以上地方人民政府根据国家对水域利用的统一安排，可以将规划用于养殖业的全民所有的水面、滩涂，确定给全民所有制单位和集体所有制单位从事养殖生产，核发养殖使用证，确认使用权。全民所有制单位使用的水面、滩涂，集体所有的水面、滩涂和集体所有制单位使用的全民所有的水面、滩涂，可以由集体或者个人承包，从事养殖生产。水面、滩涂的所有权和使用权受法律保护，任何单位和个人不得侵犯。"

6. 海域资源权

（1）海域及海域资源权的概念

根据《中华人民共和国海域使用管理法》（2001 年，以下简称《海域使用管理法》）规定，海域是指中华人民共和国内水、领海的水面、水体、海床和底土。所谓内水，是指中华人民共和国领海基线向陆地一侧至海岸线的海域。因此，此处所指的海域仅指我国主权所及之海域，不包括毗连区、其他专属经济区和公海。

海域资源是一种综合资源，包括渔业、盐业、矿业、旅游、娱乐、交通、港口、修造船、扩土、军事等资源。海域资源权主要是指与海域资源有关的海域所有权和海域使用权、海洋基础测绘权等。

（2）海域所有权

根据《海域使用管理法》第 3 条规定，我国海域属于国家所有，国务院代表国家行使海域所有权。任何单位或者个人不得侵占、买卖或者以其他形式非法转让海域。单位和个人使用海域，必须依法取得海域使用权。

（3）海域使用权

对海域使用权，《海域使用管理法》中作了规定，根据这些规定，我们将海域使用权概括为：单位或个人的海域使用申请经依法批准方式或通过招标或者拍卖的方式取得的海域使用权。海域使用权的取得以单位或个人海域使用申请人领取海域使用权证书或中标人或者买受人领取海域使用权证书为标志。批准海域使用权的机关是国务院和县级以上地方人民政府。

第二节 国际环境法的损害与责任

一、国际环境法的损害

对于环境损害的概念，国际社会没有明确、统一的认识。实践中，往往用"越境污染"代替环境损害。1979 年《远程越境空气污染公约》规定，越境污染是指"污染源完全或部分处于一国管辖区域内，污染产生的损害后果在另一国管辖区域内，其间的距离太长以致一般不能将污染物与个别或群体释放源区分开来"。而《适用跨国界污染的国际法规则》给出的定义却是："跨国界污染是指污染的全部或局部的物质来源于一国领土内，而对另一国的领土产生的后果。"由此可见，"越境污染"仅局限于对他国造成的损害，不包括对国家管辖范围以外的环境的损害，如对公海及其上空的污染。可以看出，"越境污染"并不能够完全替代环境损害，它的内涵要小于环境损害。

对环境损害的模糊认识，使得对国际环境责任损害范围的确认不清晰，国际社会莫衷一是，众说纷纭。狭义的观点认为，环境损害的范围仅局限于对自然资源的损害，包括使大气、土地、动植物以及水污染等因素。广义观点认为环境损害范围不仅包括对自然资源的损害，也包括对人类文化遗产的损害，同时也涉及对自然风景的破坏。

1990 年国际法委员会起草的国家责任草案认为，环境损害还要包括对人体和财产的损害。所谓"损害"，民法上是指当事人因他人的违法行为而受到的利益损失，该损失包括财产上的直接减少和失去的实际上可以获得的利益，也可包括非财产损失，如对他人的信誉及其人身权造成的损失。与此同时，当一方当事人由于不履行义务或侵权行为而给对方造成损害时，当事人有义务采取措施减少损害的发生，因没有采取措施而使损害扩大，当事人要对扩大的损害承担责任。虽然环境损害带有环境的特殊性，但应该说环境的侵权损害与民法上的侵权损害的原理是一致的。具体应该包括以下几个方面：

（一）人身损害

人身损害，指的是因环境损害对身体造成的伤害，包括生命丧失、身体受伤、精神紊乱、身患疾病等各种损害。1972 年《空间物体造成损害的责任公约》第 1 条规定：损失的概念是指生命的丧失、身体受伤或健康的其他损害，国家、自然人、法人的财产或政府间国际组织的财产受损失和损害。但由于有些环境损害给身体带来的伤害不会立即表现出来，在一段时间后才能察觉，就会形成积累性损害。这是指环境损害发生后，对人体的伤害往往要在很长一段时间内才能发现，这段时间可能是几年，也可能是几十年。这就带来了一系列问题，如确定身体损害和环境损害的因果关系，诉讼时效以及赔偿数额等。对于这个问题的解决，一些国际环境公约进行了积极的尝试。1999 年《危险废物越境装移及其处置达成损害的责任及赔偿议定书》第 13 条第 1 款规定："根据本议定书提出的索赔要求必须自事件发生之日十年内提出，否则不应予以受理。""除非按本议定书提出的索赔要求系于索赔者已知道或有理由认为其应已知悉有关损害之日起五年之内提出，且不得超过本条第 1 款所规定的时限。否则不应予以受理。""如果事件是由一系列起源相同的事件构成，则依照本条所确立的时限应自其中最后一次事件的发生时期算起。如果时间为连续发生的事件，则此种时限应自该连续发生事件结束之日起算起。"但早期的环境公约就没有考虑到积累性环境损害的问题，制定了不利于积累性人身伤害者索赔的规定。

（二）财产损失

财产损失往往包括直接和间接两部分。直接财产损失往往是指因环境损害使受害者的现有财产减少。如污染的河水灌溉农田，造成农作物减产。间接财产损失是指受害者因环境损害而没有能够得到其应该得到的那一部分财产。如某一地区的生态环境破坏导致该地区房价下降。对于直接财产损失和间接财产损失是否都应该予以赔偿，国际上没有统一的标准。1971 年《国际油污赔偿公约基金》成立的国际油污赔偿基金组织对油污损害的赔偿规定，包括了因油污产生的直接损失和间接损失，该公约认为在海上或沙滩上进行清除的费用、修理在清除工作中损坏的道路的费用、靠直接在海边或海上经营获得收入的人，如渔民和经营别墅的老板遭到的经济损失都可获得赔偿。

（三）预防和防范措施发生后的损害

由于环境的特殊性，环境的法律责任制度不足以更有力地保护环境。因为，环境一旦被破坏，这种破坏就往往是不可挽回的，不可逆转的，这样事后解决问题不是有效的补救办法。尽管赔偿程序常让人感觉是惩罚，但它并不能作为一种预防手段对污染者起到制止作用。在环境领域，首要的是预防①。预防措施是在事故发生之前采取的措施。而防范措施是指在事故发生以后为避免再遭受类似损害而采取的预防措施。由于预防措施很难与某一结果形成因果关系，因而很难获得赔偿。即使能够获得赔偿，也仅局限于特殊领域。与预防措施常常得不到补偿相反，防范措施费用的赔偿在环境公约中一般都有规定。如《油污损害的民事责任公约》规定，损害包括防范措施的费用和因防范措施而造成的进一步损失或损害。欧洲经济委员会制定的《关于公路、铁路及内陆运输、船只运输危险废物时造成损害民事责任公约》也要求对采取防范措施而产生的费用进行补偿，并认为防范措施是指事故发生以后为防止或减轻损害，由任何人采取的任何合理措施。由此可见，由于采取防范措施而产生的费用也是国际环境损害赔偿的重要内容之一。

（四）环境损害

保护环境，减少对环境的人为损害是环境法的立法目的。因而，对环境的损害进行赔偿、加以补救是必要的。所谓环境损害，是指在开发资源的人所遭受的损害之外，环境本身所遭受的损害。对环境的损害赔偿因不同情形而有不同的处理。当行为人的行为损害的是公民、法人的环境权益时，对环境本身的损害可以被计算到自然人和法人的财产损失中。当环境损害涉及的不是某个具体公民、法人的权益，而是一国管辖范围内的公共环境，如一国范围内的河流，内海以及土地等，受损害的国家可以以其所受的损害要求赔偿。需要指出的是，在跨国界污染中，当环境损害发生在所有国家领土管辖之外的地区，如国家管辖范围以外的海床和底土、公海及其上空、外层空间、南极洲等，此时没有任何国家能够以自己的名义提起损害赔偿的请求，但实际上人类的共同环境利益遭受了损失，此种情形应如何处理？对此，《联合国海洋法公约》提出，对于国家管辖范围以外的

---

① [法] 亚历山大·基斯；张若思编译. 国际环境法 [M]. 北京：法律出版社，2000.

海床和底土的矿物资源构成的区域内的活动，委托海底管理局负责照管以确保海洋环境得到保护。由此可以认为，该机构可以要求违反规章制度的当事人承担责任。但目前对于公海及其上空、外层空间、南极洲等尚未有明确规定哪一个机构可以对上述地区的环境损害向行为人要求赔偿。

在国际环境法的司法实践中，存在一个普遍的难题，即对环境损害的确定。这是由环境自身的特性决定的。首先环境损害往往是无形的，很难确定因果关系；其次对环境损害的估算比较困难，因为世界各国普遍未对环境要素赋予价值，并且这种赋予没有普遍标准会造成不同国家实行时的冲突。目前，国际环境法上的规定倾向于以"恢复原状"所产生的费用为标准。即使这样，由于恢复原状必须要量化各种细小的、不易察觉的、甚至是受害者尚未了解的影响，也使得量化恢复原状非常困难。

至于何种程度的环境损害可以导致国际环境责任的产生，国际社会对此还没有明确、一致的标准。《南极矿产资源活动管理公约》曾对此做出过规定。公约规定，只要对环境的损害超过了公约所定的程度，经营者就要承担责任。但对于如何判断对环境的损害已经发生，公约的标准非常模糊，只规定为超过可以忽视的程度。但何谓"超过可以忽视的程度"，公约未予以明确规定。国际私法实践一般认为，只有"严重"的程度才能导致国家责任的发生。在 1938 年的美国和加拿大的特雷尔冶炼厂案，1959 年的美国和加拿大的加堤坝仲裁案、1992 年的匈牙利和捷克斯洛伐克共和国关于两国在多瑙河流域建造水坝争端案，依据的都是此种标准。

二、国际环境法的责任

1992 年世界环境与发展大会在里约召开，会议通过的《里约宣言》指出，国家拥有按照其本国的环境与发展政策开发本国自然资源的主权权利，并负有确保在其管辖范围内或在其控制范围内的活动不致损害其他国家或在各国管辖范围以外的地区的环境责任[①]。但这种规定只是一种原则上的规定，国际环境法律责

---

①联合国环境与发展大会文献汇编 . 迈向 21 世纪 [M]. 中国环境科学出版社，1992.

任的真正承担要依赖于行之有效的归责原则。

归责（Imputation），是指行为人因其侵权行为致他人损害的事实发生以后，应依据何种标准确认和追究侵权行为人的责任。归责原则（Criterion of Liability）指的是归责标准。"侵权法的归责原则，实际上是归责的规则，它是确定行为人的侵权责任根据的标准，也是贯彻于整个侵权行为法之中，并对各个侵权法规范起着统帅作用的立法指导方针。"①

国际环境法律责任的归责原则可以分为过错责任原则、无过错责任原则和公平责任原则三种。

（一）过错责任原则

过错责任原则是指当事人的主观过错是导致其承担责任的必要条件。过错责任原则主张当国际法主体的行为给别国造成危害时，如果该主体在主观方面有过错，就应当承担国际法律责任。

过错责任原则最早产生于罗马法时代。按照罗马法"无过错者原则上不受任何拘束"的原则，责任的存在是以主观上有过错为前提的。以此为基础的传统国际环境法领域中，当国际法主体的行为给别国造成损害时，只有该主体存在着过错，才会引起承担国际环境法责任。格劳秀斯最早在国际法领域提出此原则。他主张国家如果本身没有过错就不存在赔偿的义务。这一主张在后来成了传统国际法关于国家责任理论的核心。由此可见，过错责任原则在许多国家都是环境法律责任发展最初阶段的归责原则。如在赖兰兹诉弗莱彻案（Rylands V. Fletcher, 1868）中确立的妨害行为和异常危险活动应当承担无过错责任原则之前，英国法院普遍承认并适用过失责任原则。而《德国民法典》第 823 条也明确规定采用过错责任原则。

过错责任原则不仅存在于民事侵权责任，还广泛存在于刑事责任、行政责任中。在刑事责任、行政责任中，过错是责任构成的基本条件。虽然，追究这两种责任客观上要求有侵害环境的行为，但要考察行为人的主观上是否存在过错，不管是故意还是过失。在涉及环境损害的民事责任中，较少的是这种过错责任原则，

---

①王利明 . 侵权行为法归责原则研究 [M]. 北京：中国政法大学出版社，1992.

更多的是无过错责任原则。

需要指出的是，由于国家是一个抽象的概念，国家的行为往往是由个人做出的。那么如果一国政府是按照国际法规则和其参加的国际环境公约发布命令的，但行为人采取了越权行为，造成了国际环境法律责任的产生，那么个人的过错可否归责于国家？国家是否应当承担相应的国家责任？因为此种过错责任的证明往往会涉及一国内部的法律程序和行政职权的规定，所以比较困难。联合国国际法委员会在起草关于国家责任的条文草案时也回避了这一问题。

目前，国际法中，确认国家承担国家责任主要依据两条标准：一是可归因于国家；二是所谓的行为属于国际不法行为。这两条标准虽然没有明确提及是否有过错行为的存在，但我们可以认为，国际不法行为本身是对国际法中的强制性规范和国际环境公约的义务的违反，可以视为存在某种过错。对于国家责任，不去探讨其主观状态，而是根据其所为的不法行为推定其主观状态。一些学者对国际罪行的规定也采取这种方法，"污染空气、海洋、陆地以至有害或无用于人类或具有敌意地改变气候的行为等应属于国际罪行。"①在国际环境法中，这种规定既符合国家作为国际环境法律责任主体的特性，又具有可操作性。例如，1982年《联合国海洋法公约》第139条规定，国家在海底区域对本国的自然人和法人所从事的违背本公约的行为，适用过错责任形式，即如果国家已根据公约的规定采取了一切必要的措施，对自然人和法人的损害行为就不承担责任。但由于各国对这一问题缺乏普遍的共识，加之国际环境责任形式的复杂，许多其他的环境保护公约都没有规定责任条款，即使规定也非常模糊。诸如1979年《远程越境大气污染公约》，1989年《控制危险废物越境转移及其处置的巴塞尔公约》等，只是通过"缔约方要合作承担义务"，"采取适当的措施确保条约义务的履行"等笼统的措辞进行规定。

（二）无过错责任原则

无过错责任原则是指无须考虑当事人行为的故意或者过失，只要其实施了加害行为，给其他主体造成了实际损害，就应当依据法律规定承担责任的归责原则。

---

①王铁崖. 国际法 [M]. 北京：法律出版社，1995.

无过错责任原则又叫做严格责任原则，它已成为当今世界各国确认有关环境法律责任的重要原则。

在国内法领域，严格责任是英美法中的术语，大陆法系一般称为无过错责任。在德国，虽然如前述《德国民法典》对过错原则有所规定，但一系列的单行法确立了无过错责任的法律地位。如 1838 年的《普鲁士铁路法》的第 25 条，《联邦污染控制法》的第 14 条对环境污染之害的侵权行为的规定等。这些单行法都明文规定了环境侵权的无过失原则。这与当时立法者所强调的环境侵权的过失责任的排他性以及以过错责任为中心的倾向形成鲜明的对照，同时也反映出现代环境法律责任从过错责任原则到无过错责任原则的发展趋势。

但在国际层面上，却有所不同。传统上国际环境法律责任中的国家责任是过错责任，即基于可以归咎于国家而产生的责任仍然占据主导地位。但需要指出的是，有一个例外。这就是 1972 年《关于空间实体造成损害的国际责任公约》的第 2 条规定，发射国对其空间实体在地球表面，或给飞行中的飞机造成损害，应负绝对责任。同时，公约中的第 1 条定义"损害"为生命的丧失、健康的损害，国家、自然人、法人财产损失以及其他损害等。当然，损害也应当包括对环境造成的损害。由此可以看出，空间活动对环境造成的损害，国际法律制度规定的是无过错责任。此外，1960 年的《核能领域关于第三方责任公约》、1962 年《核船舶经营者责任公约》、1963 年《关于核损害的民事责任公约》以及 1999 年《危险废物越境转移及其处置所造成损害的责任和赔偿问题议定书》都规定了严格的无过错责任。1996 年《国际法未加禁止指行为引起有害后果的国际责任条文草案》虽未明确责任的归责原则，但其第 5 条规定国家应对该行为引起的重大跨界损害负责任并应予以赔偿或其他救济，似乎也没有考虑过错原则，因此，可以推定为一种无过错责任[①]。但在跨国界污染中，一国自然人损害到他国环境，并根据他国的国内法承担无过错责任，则属于国际私法的适用，与前述有所不同。

作为有别于过错责任原则的一种归责原则，无过错责任原则具有如下特征：

一是损害后果是行为人承担责任的首要条件。也就是说，在适用无过错责任

---

① 万霞. 国际环境保护的法律理论与实践 [M]. 北京：经济科学出版社，2003.

原则的情况下，侵权责任的成立不以行为人主观上的故意或者过失为要件，而取决于事实上已经产生的损害。只要事实上因果关系成立，行为人即使无过错，也要承担责任。

二是举证责任倒置，转移到被告。传统过错责任情况下是由原告承担举证责任，原告须证明被告行为违法；原告自身已经受到了违法行为的损害或面临着威胁；被告是故意或过错地实施了这种使原告受害或受威胁的行为；原告的受害与被告的行为之间存在着事实上的或者法律上的因果关系，这时被告才须承担法律责任。在无过错责任情况下，举证责任由被告承担。只有当被告证明损害不是由于他的行为，而是由于不可抗力等无法预见的原因引起时，才能减轻或者免除他的责任。

三是赔偿责任的承担有一定的限制，主要是指赔偿数额的限定性。在实行过错责任原则的情况下，加害人的赔偿遵循着赔偿与过错对等的原则；在无过错责任原则情况下，加害人遵循限额赔偿原则。

（三）公平责任原则

公平责任原则是指损害双方的当事人对损害结果的发生都没有过错，但如果受害人的损失得不到补偿有显失公平的情况下，双方当事人分担损害结果的归责原则。公平责任原则，有学者认为它在性质上属于无过错责任的范畴。公平责任原则实质上是在法律没有规定适用过错责任、无过错责任时，以公平原则为基础对某些损害后果进行分担。在国际环境法领域里，公平责任原则主要适用于过错责任和无过错责任无法给予公平赔偿的场合。公平责任原则，并不意味着平均与等额，它往往不以实际损害为赔偿范围，而是从行为人的主观意愿、经济状况、行为性质以及责任能力等角度，使当事人能够公平地承担责任。

在国际环境法中，公平责任原则虽未被明确规定，但依据公平原则，又使其在很多场合中发挥作用，特别是在国际法规则规定得不是十分明确的场合。1999年《危险废物越境转移及其处置所造成损害的责任和赔偿问题议定书》第9条规定："如考虑到所有相关情况，遭受损害者或者根据国际法律受损害者应对其行为承担责任者，因其自身过错而造成或促成此种损害，则可减少或取消赔偿①。"

---

①国家环境保护总局.中国环境保护法规全书（2000—2001)[M].北京：中国环境科学出版社，2001.

可以看出，此项规定就是公平责任原则在国际环境法范围内的适用。除此之外，对有关海洋环境污染、核损害规定加害人的"责任限额"制度，即对损害赔偿规定了限额，这也是公平责任原则适用的体现。

第三节　国际环境法的实施

法的实施是使法律规范的要求在社会生活中获得实现的活动。法律只有得到有效的实施才能够实现立法的目的，在国际环境法领域同样如此。国际环境法实施的主体主要是国家，此外也包括一些与国际环境法实施有关的国际组织，如联合国环境规划署、国际原子能机构、经济合作与发展组织等。这里应当指出的是个人和非国际组织虽然不是国际环境法的主体，但是他们在国际环境法实施中所起的作用也是不容忽视的。国际环境法的根本任务和最终目的是保护人类的生存环境，实现人类社会的可持续发展，只有国际环境法主体不折不扣地履行国际环境条约，尤其是那些针对全球主要环境问题制定的环境条约，国际环境法才能够真正起到调整国际环境关系的作用。

一、国内实施机制

（一）国内实施机制内容

国际环境法在一国的国内实施主要表现在环境立法实施、环境行政执法实施和环境司法实施三个方面。

环境立法实施通常是指为了将环境条约的规定转化为国内法律规范以便在国内得到实施，缔约国的立法机关制定、修改、完善与环境公约相关的国内法律法规的活动。国际环境法的实施实质上是如何将国际环境公约转化为国内法，在国内得到有效实行的问题。我国为了保障所加入的国际环境公约在国内得到有效施行做出了巨大的努力，在环境立法中体现了《保护臭氧层维也纳公约》《联合国气候变化框架公约》《控制危险废物越境转移及处置巴塞尔公约》的有关内容。例如为实施 1989 年《控制危险废物越境转移及处置巴塞尔公约》，中国在 1995年《固体废物污染环境防治法》中规定："禁止中国境外的固体废物进境倾倒、堆放、处置"（第 24 条），"国家禁止进口不能作原料的固体废物，限制进口可以做原料的固体废物"（第 25 条），"禁止经中华人民共和国过境转移废物"（第 58 条），并且相应地制定了 1991 年《关于严格控制境外有害废物转移到我国的通知》、1994 年《化学品首次进口及有毒化学品进出口环境管理规定》、1995 年《关于坚决控制境外废物向我国转移的紧急通知》、1996 年《废物进口环境保护管理暂行规定》等法规、规章。

环境行政执法实施主要是国家行政机关及其工作人员行使职权，贯彻执行环境法律规范的活动。环境条约转化为一国国内法后还需要得到切实有效的执行才能达到立法目的。环境行政执法在国家实施中起着十分重要的作用，绝大多数环境保护的法律、法规是由环境行政执法机关实施的。环境行政执法的主体是特定的，即依法有权行使环境执法权的行政机关。由于环境保护行政主管部门依法对环境保护工作行使统一的监督管理权，因此环境行政主管部门是环境行政执法的主要主体，此外一国国内各级政府机关和环境保护法律、法规授权的有关部门也是环境行政执法的主体。行政执法的形式主要有行政审批、登记、许可、命令、检查、征收、监测、通知、取样、听证、处罚、裁决、强制措施和强制执行等。

环境司法实施是指国家司法机关依照法定职权和程序，通过对违法者进行民事或刑事制裁的方式来保障实现国内有关履行国际环境条约的法律法规和其他法律文件的目的，实施方式主要有环境民事司法和环境刑事司法两种。目前许多国家的法律都开始加强对环境的保护以及对环境犯罪的打击。这种保障作用既表现为司法机关对环境保护法的直接实施，同时还表现为司法机关运用司法强制手段，保证行政执法机关实施环境保护法活动的正常开展。如《俄罗斯联邦刑法典》第 9 编 "危害公共安全和社会秩序的犯罪" 中，设立了 "生态犯罪" 的专章。日本于 1970 年制定专门规定有关环境污染犯罪及其刑罚的单行刑法《公害罪法》。韩国于 1991 年 5 月 31 日颁布了《关于环境犯罪处罚的特别处置法》等。

（二）国内实施制度

在国际环境法的立法实施中，各国确立了一系列行之有效的制度，如：环境标准制度、环境影响评价制度、综合污染控制等。

1. 环境标准

国际环境法中的环境标准是指为了保护人体健康、社会物质财富和维持生态平衡而在环境条约或各国立法中规定的人类活动对环境影响的界限。环境标准是按照法定程序制定和批准发布的，主要包括环境质量标准、排放标准、产品环境标准、工序标准四部分。我国在 1999 年 1 月 5 日的国家环境保护总局局务会议上讨论通过了《环境标准管理办法》，该管理办法详细规定了我国环境标准的制度，并在第三章"环境标准的实施与监督"中对环境质量标准的实施、污染物排放标准的实施、国家环境监测方法标准的实施等做出了具体的规定。

（1）环境质量标准

环境质量标准主要规定了在各种环境中（如空气、水、土壤等）的污染物对人类和其他生物产生不良或有害影响的最大剂量或浓度。一个地区的环境是否被污染或者污染是否严重，都需要依靠环境质量标准来判断。环境质量标准是评价环境质量优劣的尺度，也是衡量环境技术措施和管理措施取得实际成效的具体体现。不同的环境条约和各国立法中一般都规定有不同形式和水平的环境质量标准。我国环境质量标准主要是对有害物质或因素所允许的浓度做出规定。例如：《地面水环境质量标准》《土壤环境质量标准》《渔业水质量标准》等。

（2）工序标准

工序标准是指根据环境保护的目标所规定的固定设施所应达到的设施设计标准和设施操作标准。设施设计标准是关于设施设计和建造的要求，而设施操作标准则是关于设施运转和操作的要求。工序标准是一种方式性义务，污染者不能自由选择减少排放的手段①。

（3）排放标准

排放标准是规定污染源可以排放污染物的最高限度，我国的排放标准主要是对污染物的种类、数量和浓度做出了具体规定。例如：《污水综合排放标准》《恶臭污染物排放标准》《水电厂大气污染物排放标准》《船舶污染物排放标准》等。

（4）产品环境标准

产品环境标准规定的是产品设计中的环境参数和产品在制造、使用过程中对环境影响的程度。

在国际上，为了规范企业和社会团体的环境行为、合理配置资源，国际标

---

① [法] 亚历山大·基斯；张若思译 . 国际环境法 [M]. 北京：法律出版社，2000.

准化组织制定了 ISOMOOO 系列环境管理标准。ISO 14000 环境管理系列标准是国际标准化组织（ISO）发布的序列号为 14000 的一系列用于规范各类组织的环境管理标准。它由环境管理体系（EMS）、环境审核（EA）、环境行为评价（EPE）、环境周期评估（LCA）、环境管理（EM）、术语和定义（T&D）、产品标准中的环境因素 (EAPS) 等 7 个部分组成。ISO 14000 系列环境管理标准的形成经历了一个较长的时期。从 20 世纪 80 年代起，美国和欧洲的一些企业为提高自己的公众形象，减少生产带来的环境污染，都相继建立了自己的环境管理方式，环境管理体系的雏形由此形成。进入 20 世纪 90 年代，1992 年在巴西里约热内卢召开的"环境与发展"大会通过了《21 世纪议程》等一系列文件，标志着在全球建立清洁生产，谋求可持续发展的环境管理体系开始形成。随后国际标准化组织为制定 ISO 14000 环境管理系列标准，于 1993 年 6 月成立了 ISO/TC3207 环境管理技术委员会，正式开展环境管理系列标准的制定工作，该标准不仅适用于制造业和加工业，而且适用于建筑、运输、废弃物管理、维修及咨询等服务业。

在中国，这一标准的颁布也同样引起了政府的高度重视。中国已正式将 ISO14000 系列标准转化为国家推荐性标准，为了统一领导中国的 ISO14000 认证工作，国务院于 1997 年 4 月 21 日，下发国办函〔1997〕27 号文件批准同意成立中国环境管理体系认证指导委员会（简称指委会），并于 1997 年 5 月 27 日召开了指委会成立大会。指委会的成立标志着中国推行 ISO14000 系列标准工作又迈出了新的一步。

2. 环境影响评价制度

环境影响评价制度（Environment Impact Assessment System) 是指在一个开发建设项目做出最后实施决定之前，对建设项目的选址、设计和建成后在使用过程中可能对环境造成的污染与破坏，事先进行调查、预测和评估，并提出相应的防治措施，按照法定程序进行报批的法律制度。首先将环境影响评价作为一项正式法律制度加以规定的是美国。1969 年美国的《国家环境政策法》（National Environmental Policy Act of 1969，NEPA) 把环境影响评价作为政府管理中必须遵循的一项制度。根据该法规定，联邦政府各个部门在做出可能对人类环境有重大影响的立法议案或行动计划时，需征询有关部门和专家意见，进行环境影响评价和不同方案的比较分析，并向总统、环境质量委员会和公众报告。美国的环境影响评价制度确立以后，很快得到其他国家的重视，并为许多国家所采用。瑞典在 1969 年的《环境保护法》中对环境影响评价制度作了规定，法国 1976 年通过的《自然保护法》第 2 条规定了环境影响评价制度，菲律宾在 1977 年颁布了《环境影响评价立法》，英国于 1988 年制定了《环境影响评价条例》。进入 20 世纪 90 年代以后，德国、加拿大、日本等国也先后制定了以《环境影响评价法》为名称的专门法律。

在国际上，环境影响评价制度也为越来越多的国际环境条约所采纳，如 1992 年《生物多样性公约》第 14 条第一款 a 项规定各缔约国应 "采取适当程序，要求就其可能对生物多样性产生严重不利影响的拟议项目进行环境影响评估，以期避免或尽量减轻这种影响，并酌情允许公众参加此种程序"。在 1992 年《气候变化框架公约》第 4 条第 1 款 f 项中要求缔约国 "在它们有关的社会、经济和环境政策及行动中，在可行的范围内将气候变化考虑进去，并采用由本国拟订的和确定的适当办法，例如进行影响评估，以期尽量减少它们为了减缓或适应气候变化而进行的项目或采取的措施对经济、公共健康和环境质量产生的不利影响"。环境影响评价制度正逐步成为一项各国以及国际社会通用的环境管理制度和措施。

中国环境影响评价制度的建立始于 20 世纪 70 年代。1979 年颁布的《环境保护法（试行）》对这一制度作了规定。该法第 6 条规定："一切企业、事业单位的选址、设计、建设和生产，都必须防止对环境的污染和破坏。在进行新建、改建和扩建工程时，必须提出对环境影响的报告书，经环境保护部门和其他部门审查批准后才能进行设计。"而 1981 年的《基本建设项目环境管理办法》则对环境影响评价的范围、内容、程序等做出了具体的规定。此外，各种污染防治的单行性法规也规定了环境影响评价制度，如 1982 年颁布的《海洋环境保护法》、1984 年颁布的《水污染防治法》、1987 年颁布的《大气污染防治法》、1988 年颁布的《水法》中分别对海洋环境影响评价、水环境影响评价、大气环境影响评价、水资源环境影响评价等做了明确规定。

3. 综合污染控制

20 世纪 80 年代以来，综合污染控制作为一种新的环境保护方法日益受到西方发达国家的关注。它的特点是对各种形式的污染和各环境因子实行整体的、系统的控制。传统的管制是分散的、个别控制的方法，其弊端是忽略了各种形式的污染之间的联系、转化以及各环境要素之间的联系、运动。综合污染控制就是为了克服传统管制方法的这一缺陷而引入的新的控制方式，以达到对整个环境的高层次保护，尤其是防止或者在不可能防止的情况下减少向大气、水和土地的排污。目前，综合污染控制方法在少数发达国家如美国和一些西欧国家的国内法中有所应用。在国际环境法中，该方法尚未得到条约的广泛承认。

二、国际实施机制

国际环境法在国际层面的实施有其自身特点：一方面，国际环境法的出现较晚，相关的法律原则、规则和制度尚在确立之中，而大多数国际环境法律文件是国际组织和国际会议的决议、决定和宣言，如《斯德哥尔摩宣言》《世界自然宪章》和《里约环境与发展宣言》等，这些决议、宣言虽然提出了大量的有关国际环境保护的重要原则，丰富和发展了国际环境法的内容，但是从严格意义上讲这些文件并不具有法律拘束力，因此国际环境法的"软法"性质十分明显。另一方面，为了保障国际环境法在国际层面上得到有效的实施，国际环境公约往往会采用一些特别的机制，如设立缔约方大会、秘书处等组织机构，建立申诉制度、报告制度、援助制度等，这使得国际环境法在国际上的实施取得了比较好的效果。具体而言，在保障国际环境公约实施方面有以下几种制度：

（一）申诉制度

申诉制度是指缔约国一方针对另一方违反条约的行为向条约的执行机构提出申诉的制度。为了保障申诉制度的贯彻执行，有些环境公约设立了专门的机构来受理国家申诉。如1987年《关于消耗臭氧层物质的蒙特利尔议定书》的1992年哥本哈根修正案设立了执行委员会（简称委员会）。根据修正案的相关规定，该委员会可以受理缔约国一方提出的关于另一方不履行条约义务所作的书面意见。委员会如果认为有必要，可以要求其提供进一步的资料。最后由委员会做出一份正式报告，并将该份报告以及针对有关国家的建议一同提交给缔约国大会，由缔约国大会决定针对此份报告所应采取的措施。

由于个人和非政府组织并非国际环境法的主体，因此对于个人或非政府组织是否可以就违反国际环境条约的情况向国际机构提出申诉尚存在争议。从国际法的实践上看，个人申诉制度主要存在于一些人权公约中，如《消除一切歧视国际公约》第 14 条、《禁止酷刑公约》第 22 条都规定了个人申诉的权利。一般而言，国际环境条约中规定的受理申诉的机构在正式场合只处理国家或国际组织的申诉，对各国国内个人或非政府组织的申诉一般不通过正式的途径处理。有学者认为个人申诉制度是保障国际条约实施的最有效的方式，尤其是在公共利益存在并很活跃的领域更是如此。因此这种非正式程序在未来应进一步发展①。

（二）报告制度

报告制度是指缔约国应当将其履行条约的情况定期向条约设定或指定的机构提交报告的制度。报告制度多见于人权公约中，如《经济、社会、文化权利国际公约》第 16 条、《公民权利和政治权利国际公约》第 40 条、《消除对妇女歧视公约》第 21 条等。目前越来越多的环境公约遵循人权公约的范例规定了报告制度，并取得了良好的实施效果。如 1973 年《国际防治船舶造成污染公约》第 11 条规定：当事国必须向国际海事组织提交相关文件，包括按公约范围内各项事宜所颁布的法律、命令、法令和规则，以及其他文件的文本和公约实施结果的正式报告或其摘要。

1979 年《远距离越镜空气污染公约》（LRTAP）的 1994 年《进一步减少硫排放量议定书》不但规定了缔约国应定期向执行机构报告实施情况，而且还成立了一个实施委员会，专门负责审查议定书的实施和缔约国遵守义务的情况，并可就此提出报告和建议。

1989 年《关于危险废物越境转移和处置的巴塞尔公约》第 13 条规定：各缔约国应当通过秘书处向缔约国会议报告每年废物进出口的数量、种类、特性以及处置方法等，此外还要报告为了减少危险废物或其他废物越境转移的数量而做出的努力情况。报告制度规定缔约国必须将其国内实施的进程和结果定期向条约规定的机构报告，而且通常要接受其他缔约国代表的询问，国家为了保持自身高尚的形象必须采取行动达到条约的规定。同时，报告制度往往与资金、技术援助相

---

① [法] 亚历山大·基斯；张若思译. 国际环境法 [M]. 北京：法律出版社，2000.

联系，这也提高了缔约国履行条约义务的积极性。

（三）援助制度

全球环境问题的出现，发达国家应负主要责任。

因此发达国家在全球环境保护问题上应当承担更多的义务，包括向发展中国家提供额外的财政援助和技术援助，来帮助发展中国家保护和改善自身的环境和保护全球环境。发达国家的这一义务得到了大量国际公约和国际文件的确认，而许多国际环境公约不但明确规定了发达国家对发展中国家的援助责任，还通过缔约国大会、秘书处等机构来全面领导和指导财政援助与技术援助的分配。如1992年《联合国生物多样化公约》规定缔约国应当按公平和最有利的条件向发展中国家转让技术，并且在涉及生物技术转让时应考虑由生物技术改变的任何活生物体的安全转让，以避免对生物多样性的保护和持久利用产生不利影响。其中第20条第4款规定："发展中国家缔约国有效地履行其根据公约做出的承诺的程度将取决于发达国家缔约国有效地履行其根据公约就财政资源和技术转让做出的承诺，并将充分顾及经济和社会发展以及消除贫困是发展中国家缔约国的最优先事项这一事实。"在1987年《关于消耗臭氧层物质的蒙特利尔议定书》中则规定：各缔约国承担义务，协助发展中国家缔约国取得环境上安全的替代物质和技术，并协助它们迅速利用此种替代办法，并且通过双边或多边渠道便利向发展中国家缔约国提供津贴、援助、信贷、担保或保险方案，以利使用替代技术及代用产品。在1990年的修正议定书中，还具体规定了对发展中国家提供财政和技术援助的机制，并设立了一项多边基金。多边基金的使用由联合国环境规划署、联合国开发计划署和世界银行负责实施。

（四）处罚和补救措施

处罚和补救措施在国际环境法中主要是针对不履行环境义务的违约行为进行调查，公布对其不利的结果或向有关国家提出建议，甚至在有些情况下还会暂停或取消国际援助，中止该国根据条约所享有的各项权利等，这样一来，有关的国家不仅会有名誉损失，有时甚至会有直接的经济、政治利益的损失。不过对于那些已经尽了努力却仍未达到理想效果的国家，许多的国际公约还是规定了进一步的补救措施，而不是简单地予以强制或拒绝。如：1987年《关于消耗臭氧层物质的蒙特利尔议定书》1992年哥本哈根修正案规定：进行了真诚的努力仍不能履行义务的国家，可以向执行委员会提出申请，执行委员会在收到信息及进行观察后，向缔约国大会提出报告，由缔约国大会决定应采取的补救措施，其中就包括提供援助的一些措施，如收集资料、转让技术、提供资金、信息转让和培训等。

第四节　中国环境法治发展进程

中华人民共和国成立以来，中国的环境法治经历了从无到有，从局部单项立法到全面法治建设，从紧跟世界环境法前行步伐、探索中国特色环境法治道路到积极参与世界环境治理并引领世界环境法治建设发展方向的历程。

一、环境法治在艰难时期起步

中华人民共和国成立后，百废待兴，国家在迅速完成社会主义改造后，开始了有计划的经济建设。这一时期，虽然历经波折，但仍然走上正轨。

（一）环境保护"入宪"

中国以农业为基础开始社会主义建设，自然资源对于薄弱的工业基础也具有极其重要的作用。从 1950 年开始，先后颁布《矿业暂行条例》《中华人民共和国水土保持暂行纲要》《国家建设征用土地办法》《矿产资源保护试行条例》等法规、规章。既鼓励并准许对资源的开发利用①、发展生产，又明确强调保护资源、综合利用。1954 年《宪法》规定，"矿藏、水流，由法律规定为国有的森林、荒地和其他资源，都属于全民所有"，确立了自然资源的国家所有权制度。

1971 年中国恢复在联合国的合法席位，正值联合国大会决定 1972 年在斯德哥尔摩召开人类环境会议的前夕。时任联合国秘书长莫里斯·斯特朗访华，邀请中国参加首次人类环境会议。周恩来总理高瞻远瞩，决定派团参加。②1972 年6 月 5 日，中国代表团参加会议并在大会上发言，阐明了中国在环境问题上的原

---

① 金瑞林 . 环境法概论 [M]. 北京：当代世界出版社，2002.

② 高金伶、魏刚 . 哥本哈根会议倒计时独家专访"世界环保教父"——莫里斯·斯特朗先生 [J]. 中国绿色画报 .2009（9）.

则立场，同各国交流了环保经验并对会议文件提出了意见建议。这次会议对中国是一个划时代的警醒，使中国开始重视自身作为社会主义国家的环境问题。1978年3月5日，五届全国人大一次会议通过修订的《宪法》第11条第3款规定："国家保护环境和自然资源，防治污染和其他公害。"这是首次在《宪法》中确认了国家的环境保护职责，并明确了环境保护工作领域为自然资源保护和污染防治两个方面，为专门环境保护立法确立了宪法依据。

（二）环境保护法雏形初显

第一个五年计划之后，中国为了突破资本主义国家的封锁、加快经济建设速度，采取粗放型的经济发展模式，带来了一定程度的环境污染和生态破坏。20世纪70年代初期，国民经济的发展因为环境污染和破坏受到了影响。1971年，国家计委环境保护办公室成立，中国政府机构中首次出现"环保"字样。1972年，中国派出代表团参加斯德哥尔摩会议，加深了对环境问题的认识。1973年，首个国家级环保机构——国务院环境保护领导小组办公室成立，以中国政府名义加入联合国环境规划署，中国成为该署理事会的58个成员国之一。1973年8月，中国首次以国务院名义召开第一次全国环境保护会议，讨论通过并由国务院发布《关于保护和改善环境的若干规定（试行草案）》（以下简称《保护和改善环境若干规定》）。

（三）《环境保护法（试行）》颁布

1979年9月五届全国人大十一次会议通过《中华人民共和国环境保护法（试行）》（以下简称《试行法》）。《试行法》不仅将《保护和改善环境若干规定》确定的"32字方针"以立法方式加以确认，而且明确了"合理地利用自然环境，防治环境污染和生态破坏，为人民造成清洁适宜的生活和劳动环境，保护人民健康，促进经济发展"的立法目的，还对各级国家机关、企事业单位在保护环境、防治污染和其他公害方面的职责和义务作了明确和具体的制度安排。从整体上看，《试行法》吸取了西方发达国家"先污染后治理"的惨痛教训，自中国环境保护立法开始就建立了环境影响评价、"三同时"等预防性制度；同时也根据"谁污染，谁治理"的原则，规定了排污收费、限期治理等污染防治制度。这充分表明，中国的环境法治建设自始就确立了经济发展与环境保护相协调的基本理念。

二、环境法治在改革开放中健康发展

与中国改革开放进程相伴随，环境法治建设始终处于国家发展战略的重要位置。以《试行法》和环境保护单行法的颁布为起始点，中国开始进入环境立法"快车道"，环境保护立法体系基本形成，环境管理体制机制初步建立，环境司法从地方开始起步，国际环境法制定的话语权明显提升，环境法治健康发展。

（一）生态环境"入宪"

十一届三中全会以后，中国进入改革开放新时期，环境保护问题受到高度重视。1982 年修订的《宪法》第 9 条规定："国家保障自然资源的合理利用，保护珍贵的动物和植物。禁止任何组织或者个人用任何手段侵占或者破坏自然资源。"第 26 条将 1978 年《宪法》中的"保护环境和自然资源"修改为"保护和改善生活环境和生态环境"，①首次以宪法形式确认了"生态环境"的概念。②此次宪法修订明确了"保护自然资源和野生动植物"与"保护和改善生活环境和生态环境"的国家战略，为制定和实施环境保护法律法规提供了宪法依据，也为环境法学理论的创建奠定了宪法基础。1982 年《宪法》规定的环境保护战略在一些基本法中也得到了体现。在民事立法方面，各相关法律都规定了环境保护的内容。

2009 年十一届全国人大常委会第十二次会议通过的《侵权责任法》第八章为"环境污染责任"的特殊规定。在刑事立法方面，有关环境资源犯罪的规定也不断发展，如 1979 年《刑法》将环境资源犯罪的内容纳入分则第三章"破坏社会主义经济秩序罪"加以规定。1997 年《刑法》分则第六章第六节专门规定了"破坏环境资源保护罪"，分则第九章规定了"环境监管失职罪"，分则第三章第二节"走私罪"中也涉及环境犯罪的内容。在《刑法修正案（二）》至《刑法修正案（八）》中，也都不同程度地涉及环境资源犯罪的规定。

（二）环境立法体系初步形成

1979 年环境保护法制定之初，曾经设想在中国建立以"环境保护法"为基础、以单项法为骨干的环境保护立法体系，立法路径是先制定作为基本法的环境保护

---

① 1982 年《宪法》第 26 条规定："国家保护和改善生活环境和生态环境，防治污染和其他公害。"

② 巩固 . "生态环境"宪法概念解析 [J]. 吉首大学学报，2019（4）.

法，然后陆续制定防治大气、水等环境要素污染的单行法。

从 1979 年到 1989 年的十年间，环境立法路径发生了变化，由原来的先制定基本法再制定单项法变成了边制定单项法边修订《试行法》。由于单行法制定进程、修改频率都比基本法更及时、快捷，先后制定了《海洋环境保护法》（1982 年）、《水污染防治法》（1984 年）、《草原法》（1985 年）和《土地管理法》（1986 年）、《矿产资源法》（1986 年）、《大气污染防治法》（1987 年）、《水法》（1988 年）、《野生动物保护法》（1988 年）等单行法近 20 部。

1989 年七届全国人大第十一次常委会通过了《中华人民共和国环境保护法》（以下简称 1989 年《环境保护法》），该法的体系和内容较《试行法》更为科学，对环境保护的目标、基本原则、基本制度和法律责任等方面作了更为全面的规定。1989 年《环境保护法》标志着我国环境立法进入新的历史阶段，逐步形成了污染防治和自然资源保护为两大主干的环境立法体系。1989 年以后，环境立法继续沿着制定单行法弥补立法空白、修订单行法完善法律制度的路径前行。同时，为保证法律的实施，加快了制定相关配套法规、规章和环境标准的步伐。

（三）环境管理体制和执法机制逐步清晰

根据 1982 年《宪法》第 26 条的规定和《试行法》设立的环境管理体制，1982 年五届全国人大常委会第二十三次会议决定，将国家建委、国家城建总局、建工总局、国家测绘局、国务院环境保护领导小组办公室合并，组建城乡建设环境保护部，内设环境保护局，开始承担环境执法职能。其后，中国的环境保护行政机构实现了三次跨越：1988 年国家环境保护局从城乡建设环境保护部中独立出来，成为国务院副部级直属机构；1998 年国家环境保护局改名为国家环境保护总局，升为正部级；2008 年国家环境保护总局升级为环境保护部，成为直接参与政府决策的组成部门。

随着环境管理体制的不断健全，环境执法实践也有了迅速发展。一方面，环境保护行政主管部门严格执行《试行法》确立的建设环境影响评价、"三同时"、排污收费制度；另一方面，积极探索适合中国国情的环境管理方式，以发布环境保护政策和规章等方式形成了环境保护目标责任制、城市环境综合整治定量考核、排放污染物许可、污染物集中控制、限期治理等新的制度，并确立了坚持预防为主、"谁污染，谁治理"、强化环境管理三项政策，为修改和完善环境法律提供了实践经验和政策基础。

（四）专门环境司法开始地方探索

2007 年，贵州省高级人民法院批准设立清镇市环保法庭，对环境资源案件进行集中管辖，开启了环境司法专门化之门。次年，无锡市中级人民法院、昆明市中级人民法院环境保护审判庭分别挂牌成立。环境司法专门化的地方探索以当地发生重大环境污染事件和地方领导人的重视为鲜明特征，后被多地效法。截至 2013 年年底，全国各级地方法院建立环保法庭、审判庭、合议庭等专门审判机构 150 多个。各地所进行的环境司法专门化探索集中于推进环境公益诉讼，但也呈现出地方特色。清镇环保法庭着重于案件的跨行政区划集中管辖，积极推动形成公益诉讼裁判规则，同时，开始探索"三合一"及"三加一"审判模式。①

无锡中院联合无锡市检察院出台第一个环境公益诉讼的地方性规定——《关于办理环境民事公益诉讼案件的试行规定》，②明确受案范围，探索公益、私益交织性的环境案件审理方式。③昆明中院在环境公益诉讼中探索生态修复责任及其承担方式，④并与昆明市检察院联合发布《关于办理环境民事公益诉讼案件若干问题的意见（试行）》，制定环境公益诉讼案件庭审规则，规范环境公益诉讼案件的审理程序。

（五）国际环境规则制定的参与度与话语权

自第一次人类环境会议以后，中国积极参与国际环境保护事务和国际环境法的制定。在联合国环境与发展大会召开前，邀请 41 个发展中国家的环境部部长在北京进行磋商并发表了《北京宣言》，阐明发展中国家的共同立场和主张。⑤1992 年成立中国环境与发展国际合作委员会，为中国在环境与发展领域同国际社会开展充分交流搭建平台。1992 年，中国代表团参加联合国环境与发展大会，时任国务院总理李鹏出席首脑会议并发表讲话，阐述中国政府的原则立

---

①黄晓云．清镇：污染"逼"出来的环保法庭 [J]．中国审判，2013（6）．

②高洁．环境公益诉讼与环保法庭的生命力——中国环保法庭的发展与未来 [N]．人民法院报，2010-1-29.

③2014 年 7 月 3 日最高人民法院发布 9 起环境资源审判典型案例。

④王向红．昆明：联动执法，修复生态 [J]．中国审判，2013（6）．

⑤佚名．发展中国家环境与发展部长级会议《北京宣言》[J]．中国人口·资源与环境，1991（2）．

场,展示负责任的大国态度。①在积极参加《里约环境与发展宣言》《21 世纪议程》等国际环境保护文件的同时，于 1994 年发布第一个发展中国家的可持续发展议程——《中国 21 世纪议程——中国 21 世纪人口、环境与发展白皮书》，将可持续发展纳入经济社会发展长远规划，②并逐步将可持续发展理念作为国内环境立法的宗旨，在修订《海洋环境保护法》（1999 年）、《大气污染防治法》（2000 年）、《草原法》（2002 年）和制定《防沙治沙法》（2001 年）等法律时，明确将"促进经济和社会的可持续发展"作为立法目标。

中国政府高度关注气候变化问题，积极参与气候变化谈判和国际会议，作为《联合国气候变化框架公约》首批缔约方和政府间气候变化委员会（IPCC）发起国之一，积极参与和推动气候变化的国际谈判和公约进程。在历次公约缔约方大会上，中国坚定维护公约的原则和框架，坚持"共同但有区别的责任"原则、公平原则和各自能力原则，遵循公开透明、广泛参与、协商一致和缔约方驱动的多边谈判规则，不断加强公约的全面、有效和持续实施，为《京都议定书》在公约缔约方第三次大会上的通过做出了积极贡献。中国于 1998 年 5 月签署、2000 年 5 月批准《京都议定书》，③并在国内法上加强了应对气候变化相关法律、法规和政策措施的制定，如 2005 年全国人大常委会审议通过《可再生能源法》。2007 年，中国公布发展中国家第一部国家方案——《中国应对气候变化国家方案》。④

据统计，到 2013 年，中国先后批准了《拉姆萨公约》《濒危野生动植物物种国际贸易公约》《关于保护臭氧层的维也纳公约》《蒙特利尔议定书》《防治荒漠化公约》《控制危险废物越境转移及其处置巴塞尔公约》《联合国气候变化框架公约》《京都议定书》等多边条约 37 个，还与日本、美国、蒙古国、朝鲜、加拿大、印度、韩国、俄罗斯等多个国家签署了环境保护合作协定。

---

①夏堃堡.中国环境保护国际合作进程 [J]. 环境保护，2008（21）.

②生态环境部环境与经济政策研究中心.从参与者贡献者到引领者——我国环保事业发展回顾[J]. 紫光阁，2018（11）.

③佚名.中国政府已核准《京都议定书》[J] 中国人口·资源与环境，2002（4）.

④林灿铃.当代国际关系中的环境问题 [A]. 李恒远，常纪文.中国环境法治（2007 年卷）[C]. 北京：法律出版社，2008.

三、环境法治迎来新时代

党的十八大以来，环境法治建设在习近平总书记"最严法治观"的指引下，承担起保障统筹推进"五位一体"总体布局、协调推进"四个全面"战略布局的新使命。以宪法为核心的环境立法体系更加健全，环境执法体制改革进入"深水区"，环境司法专门化专业化全面展开，国际环境治理体系中的引领性显著增强，中国环境法治进入新时代。

（一）生态文明"入宪"

2018年3月，十三届全国人大一次会议通过宪法修正案，将"推动物质文明、政治文明、精神文明、社会文明、生态文明协调发展，把我国建设成为富强民主文明和谐美丽的社会主义现代化强国"写入序言并与其他国家目标相互协同，充实完善了已有环境保护宪法规范体系，为在环境法治中处理协调经济发展、社会发展和环境保护等权力和权益冲突提供了宪法解决方案。与此对应，宪法修正案对国务院的职权进行了修改，《宪法》第89条第6项明确了国务院"领导和管理经济工作和城乡建设、生态文明建设"的职权，以宪法形式规定了国家行政机关领导和管理生态文明建设的法定义务，为推进和深化环境监管体制改革奠定了宪法基础。

生态文明建设在宪法中的明确提出，为相关法律的制定和修订提供了宪法依据。中国正在进行的民法典编纂，打上了鲜明的"绿色"烙印。2017年十二届全国人大五次会议通过的《民法总则》第9条规定"民事主体从事民事活动，应当有利于节约资源、保护生态环境"，确立了民事活动的"绿色原则"；已经公开征求意见的民法典物权编、民法典侵权责任编、民法典人格权编中，也都有相关的制度安排。2017年十二届全国人大常委会第二十八次会议通过《关于修改〈中华人民共和国民事诉讼法〉和〈中华人民共和国行政诉讼法〉的决定》，确立了包括环境公益诉讼在内的检察公益诉讼制度。

（二）环境立法体系更加健全

2014年4月，十二届全国人大常委会第八次会议审议通过《环境保护法》修订案，对1989年制定的《环境保护法》进行了全面修订，明确了其在环境立法体系中的基础性地位。新《环境保护法》贯彻"五位一体"战略，对价值目标与治理结构进行了重新设计，明确将"保护和改善环境，防治污染和其他公害，保障公众健康，推进生态文明建设，促进经济社会可持续发展"作为立法目的，明确了"保护环境是国家的基本国策。国家采取有利于节约和循环利用资源、保护和改善环境、促进人与自然和谐的经济、技术政策和措施，使经济社会发展与环境保护相协调"①的价值取向；明确地方政府环境保护职责以及企业、个人、社会的环境保护义务，构建了政府主导、企业主责、公众参与的多元共治新格局；以"大环保"的理念安排制度体系，统筹考虑生态环境保护与环境污染防治、城市与农村环境治理、统一监管与分工负责等问题。

在制度建设和单行法方面也做出了调整。既在总结经验的基础上将污染防治领域较为成熟的执法实践上升为法律制度，赋予环保部门按日计罚、查封扣押、限产停产等强制执法权，完善法律责任制度；又在保护和改善环境方面着力完善相关制度，规定了生态红线、生物多样性、生态安全、农业农村环境治理、环境与健康保护等新制度。

新《环境保护法》施行后，又先后修订《大气污染防治法》《水污染防治法》等9部单行法，制定《土壤污染防治法》等3部单行法；启动了《固体废物污染环境防治法》《环境噪声污染防治法》《渔业法》《草原法》等单行法的修法程序，《长江保护法》《国家公园法》《能源法》等的制定也已纳入十三届全国人大常委会立法规划。以《环境保护法》为基础，涵盖污染防治、生态环境保护及专门事项的环境立法体系在实践中趋于成熟。

（三）环境执法体制改革迅速推进

2018年十三届全国人大一次会议通过《国务院机构改革方案》，决定组建生态环境部、自然资源部，进一步理顺自然资源资产和生态环境管理体制机制。同时，组建的生态环境部，整合了原环境保护部和原国土资源部、原国家海洋局、国家发展改革委、水利部、原农业部等部门相关职责，进一步充实污染防治、生态保护、核与辐射安全三大职能领域，承担生态环境制度制定、监测评估、监督执法和督察问责四大职能，从机构上保证了新《环境保护法》建立的"环保部门统一

---

① 新《环境保护法》第4条。

监管、有关部门分工负责、地方政府分级负责"管理体制的落实。

与此同时，生态环境保护综合行政执法改革、省以下生态环境机构监测监察执法垂直管理制度改革已经全面推开，为落实新《环境保护法》建立的综合执法、协同联动、督企督政、公众参与等机制的落实提供了组织保障。

（四）环境资源司法专门化和专业化创新发展

最高人民法院先后出台《关于充分发挥审判职能作用为推进生态文明建设与绿色发展提供司法服务和保障的意见》《关于深入学习贯彻习近平生态文明思想为新时代生态环境保护提供司法服务和保障的意见》等司法规范性文件，强调环境资源审判在救济环境权益、制约公共权力、终结矛盾纠纷和公共政策形成中的作用，明确在环境资源审判中遵循环境正义、恢复性司法、生态预防等"绿色"司法理念，鼓励地方法院对环境资源案件在管辖、审理模式、裁判方式和责任方式、执行方式等方面探索创新。

2015 年 7 月，全国人大常委会作出《关于授权最高人民检察院在部分地区开展公益诉讼试点工作的决定》。2018 年修改的《民事诉讼法》《行政诉讼法》正式确立检察公益诉讼制度，最高人民检察院积极推进检察机关提起环境公益诉讼工作。2019 年最高人民检察院第八检察厅成立，负责办理法律规定的由最高人民检察院办理的破坏生态环境和资源保护等民事公益诉讼案件、生态环境和资源保护等领域的行政公益诉讼案件以及其他案件，办理最高人民检察院管辖的公益诉讼申诉案件等。各级检察机关也设置了相应机构，为推进检察机关提起环境公益诉讼工作奠定了基础。

（五）全球环境治理体系中的引领作用明显增强

中国作为世界上最大的发展中国家，坚持推动构建人类命运共同体，构筑尊崇自然、绿色发展的生态体系，始终做世界和平的建设者、全球发展的贡献者、国际秩序的维护者。2015 年 9 月，习近平主席出席联合国发展峰会，同各国领导人共同通过了《2030 年可持续发展议程》，设定了未来 15 年全球在减贫、健康、教育、环保等 17 个领域的发展目标。中国高度重视《2030 年可持续发展议程》的落实，将可持续发展目标融入《国民经济与社会发展"十三五"规划纲要》中并发布《中国落实 2030 年可持续发展议程国别方案》，对落实工作进行了全面部署，体现了中国作为负责任发展中大国的责任担当。2016 年 5 月，联合国环境大会（UNEA）发布《绿水青山就是金山银山：中国生态文明战略与行动》报告，认为以"绿水青山就是金山银山"为导向的中国生态文明战略为世界可持续发展理念的提升提供了"中国方案"和"中国版本"，应在全球加以推广。①

2015年12月，习近平主席出席《联合国气候变化框架公约》的缔约方巴黎会议并作重要讲话，提出"合作共赢、各尽所能""奉行法治、公平正义""包容互鉴、共同发展"的国际气候治理新理念，建设性引领《巴黎协定》的谈判及签署。会前积极与美国、印度、法国、巴西、欧盟等主要国家或地区签署双边气候变化联合声明，协调立场，减少分歧，谋求共识，主动减少谈判障碍。向联合国提交首份"国家自主决定贡献"清单，积极主动地推进谈判进程。在谈判过程中，始终代表广大发展中国家的利益，坚持和重申"共同但有区别的责任""各自能力"等基本原则。签署《巴黎协定》后迅速交存批准文书，大力推动《巴黎协定》生效进程。

2018年联合国决定正式开启《世界环境公约》的谈判进程，中国始终参与并以建设性态度引领相关进程。2017年9月，时任外交部部长王毅在《世界环境公约》主题峰会上提出公约制定应坚持的四项原则，表达中国的基本立场。中国加入"迈向《世界环境公约》"特设工作组，在工作组实质会议上，阐明对《国际环境治理不足报告》的法律观点，全面阐释我国对工作组进程、国际环境法不足及解决方案有关问题的意见，并向工作组联合主席提交书面评论。

---

① 蒋安全，李志伟.联合国环境规划署发布《绿水青山就是金山银山》报告——中国生态文明理念走向世界 [N]. 人民日报，2016 -5 -28.

第五节　中国环境保护法基本制度

确立环境保护法基本制度对环境保护法律秩序的建立和维护具有重要意义，对具体的环境保护工作具有指导作用和基石效用。到目前为止，中国已经建立起了比较完备的环境保护法基本制度体系，包括环境监督管理制度、保护和改善环境制度、防治污染和其他公害制度三大类环境保护法基本制度，这些制度主要由环境保护法加以规定，在相关单行法中也有具体体现。

一、环境监督管理制度

环境监督管理制度是根据特定的任务和目的，以环境保护法基本原则为指导建立起来的具有重要作用的法律制度，是上升为法律规范的环境监督管理的行政、经济、技术措施及手段，违反这些制度，行为人要承担相应的法律责任。

根据环境保护法和相关法律的规定，环境监督管理制度主要包括环境规划制度、环境影响评价制度、环境标准制度、环境监测制度。国家承担积极地改善环境质量的义务，是环境权的内在要求。世界各国的环境保护经验表明，建立完善的环境监督管理制度是国家承担环境保护责任最为基础和有效的手段之一。中国的环境监督管理制度是将国家层面的环境监管任务依法分解到地方层面加以实施，实行国家与地方双重负责，以行政区域或者自然区域管理为核心进行环境监管，地方政府对辖区内的环境质量负责。

（一）环境规划制度

环境规划制度，是指环境规划工作的法定化、制度化，是通过立法形成的关于环境规划工作的基本制度。环境规划是对环境保护工作的总体部署和行动方案，也是对一定时间内环境保护目标、基本任务和措施的规定。通过规划对环境资源的开发利用和保护进行事前安排，决定环境资源可利用总量，是实施总量控制的基础，能更好地确定环境与发展之间的平衡点。世界各国在寻求协调环境与发展的合理战略中，规划制度是其中的重要措施。

现行环境保护规划类型众多，仅涉及空间资源的利用就有城乡规划、土地利用总体规划、环境规划等多项规划。为实现规划的最大效益，必须提高各种规划之间的相互协调性，改革规划体制，建立起统一衔接、功能互补、相互协调的空间规划体系。为此，在《中共中央、国务院关于加快推进生态文明建设的意见》等政策和法律中提出健全空间规划体系，推动经济社会发展、城乡、土地利用、生态环境保护等规划"多规合一"，优化国土空间开发格局，科学合理布局和整治生产、生活、生态空间。

"多规合一"，是指以国民经济和社会发展规划为依据，打破条块分割和部门局限，加强衔接，将国民经济和社会发展规划、城乡规划、土地利用规划、环境规划等多个规划融合到一个区域上，确保"多规"确定的保护性空间、开发边界、城市规模、环境容量等重要空间参数一致，并在统一的空间信息平台上建立控制线体系，以实现优化空间布局、有效配置各种资源、提高政府空间管控水平和治理能力的目标，解决现有各类规划自成体系、内容冲突、缺乏衔接等问题。"多规合一"的目的是促进空间治理转型，优化空间结构，实现空间发展。"多规合一"的重点在于用地标准的建立、指标体系的统一、空间管控的一致，以实现功能优化、布局协同。"多规合一"的核心在于明晰管理职责，按照空间战略布局整合各类规划的空间冲突，反映城市转型、产业转型和社会转型的新要求，划定城市开发边界和生态红线，实现从无序扩张向限定边界转变。

（二）环境影响评价制度

环境影响评价，是指对政策、规划和建设项目实施后可能造成的环境影响进行调查、分析、预测和评估，提出预防或者减轻不良环境影响的对策和措施，同时要进行跟踪监测并实施防治环境污染和破坏的措施及方法。环境影响评价制度，是环境影响评价活动的制度化和法定化，是通过立法确定环境影响评价活动的相关规则，是一项具有预测性和综合性的环境保护基本制度。

环境影响评价制度与环境容量密切相关。环境影响评价源于对环境容量的关注，并伴随着环境容量的增减而发展，实施环境影响评价的最终目的也是基于环境容量的考量，提出预防或者减轻不良环境影响的对策和措施。为发挥对环境容量的最大效用，环境影响评价制度应以强化制度有效性和事前、事中、事后监管为目标，与总量控制制度、"三同时"制度、排污许可制度等进行融合，从微观管理向宏观控制转型，从源头管理向排污口管理转型，从静态管理向动态管理转型，从前端服务向过程服务转型。通过健全和完善规划环境影响评价、项目环境影响评价和战略环境影响评价制度，将环境容量、环境标准、功能分区、产业布局落实到政府的宏观经济发展决策中，真正实现地方政府对环境质量负责。

早在 1979 年的《中华人民共和国环境保护法 (试行)》中就规定了环境影响评价制度，经过 40 多年的发展，已建立起涵盖规划环境影响评价、建设项目环境影响评价以及政策环境影响评价三大类型，内容丰富，法律责任明晰的环境影响评价制度。

（三）环境标准制度

环境标准是国家根据人体健康、生态平衡和社会经济发展对环境结构、状况的要求，在综合考虑本国自然环境特征、科学技术水平和经济条件的基础上，对环境要素间的配比、布局和各环境要素的组成以及进行环境保护工作的某些技术要求加以限定的规范。

其主要内容为技术要求和各种量值规定，为实施环境保护法的其他规范提供准确严格的范围界限，为认定行为的合法与否提供法定的技术依据。环境标准是环境立法的科学依据，是环境评价的技术基础，是环境管理的重要手段。环境标准发展的快慢、水平的高低，决定了环保工作的先进与落后。

环境标准制度是随着环境保护法制的建立而逐步发展起来的，是环境保护的技术规范和法律规范有机结合的综合体。国际标准化组织在 1972 年开始制定环境基础标准和方法标准。中国自 1973 年颁布《工业"三废"排放试行标准》开始，逐步建立了环境标准体系与环境标准法律制度。环境保护法第 15–16 条对中国的环境标准制度作了明确规定。

（四）环境监测制度

环境监测，是指根据保护环境的需要，运用物理、化学、生物等方法，对反映环境质量的某些代表值进行长时间的监视和测定，跟踪其变化及其对环境产生影响的过程。

环境监测的任务主要有三方面：

一是进行环境质量监测，对组成环境的各项要素进行经常性监测，及时掌握、

评价并提供环境质量状况及发展趋势;

二是进行环境污染监测,对有关单位排放污染物的情况进行监视性监测,为实施环境管理提供准确、可靠的监测数据;

三是进行环境科研和服务监测,发展环境监测技术,为环境科技的发展积累背景数值和分析依据。

环境监测制度是环境监测工作的制度化、法定化,是通过立法形成的有关环境监测工作的规范。目前,组成环境监测制度的主要是相关环境保护的法律、法规、规章等。

环境监测机构覆盖全国,包括各级环境监测管理机构、各部门的专业监测机构和企事业单位的监测站,基本形成了分工负责、联合协作、共同工作的环境监测网络。

随着经济社会的发展,环境监测格局亦随之发生变化。为防止地方监测数据作假,避免地方干预监测数据,中国开始实行省以下环保机构监测监察执法垂直管理制度,对地方环境监测站事权适度上收,并加强对地方环保责任的追究。根据《生态环境监测网络建设方案》的规定,国控环境监测站的监测工作由国家生态环境部直接管理,省控环境监测站的监测工作则上收到省或直辖市的生态环境部门负责。事权上收,整合优化了国家环境监测网络,将有助于较大程度地防止地方行政干预,保证监测数据的正确性和真实性,提升环境监测数据的公信力和权威性。新环境保护法实施的第一年,因监测数据造假被查处的案件高达2658起,监测站篡改监测数据问题得到有效处理。

二、保护和改善环境制度

保护和改善环境制度,是指为防止生态破坏、维持生态平衡,保护环境、改善环境要素、提升环境质量的法律制度的总称。它是对生态保护和环境改善各项工作的法定化和制度化,是保护和改善环境方面的基本规范。保护和改善环境的主要目的在于保证自然资源的永续开发利用,支持所有生物的生存能力。生态保护红线制度、生态补偿制度、环保督政问责制度等,都是对这一理念的贯彻。

(一)生态保护红线制度

生态保护红线制度是环境保护制度的重要创新。它是指在自然生态服务功能、环境质量安全、自然资源利用等方面，实行严格保护的空间边界与管理限值，以维护国家和区域生态安全及经济社会可持续发展，保障人群健康的法律规定。

在中国，生态保护红线是继"18亿亩耕地红线"后，被提到国家层面的新的"生命线"。环境保护法第29条第1款明确规定："国家在重点生态功能区、生态环境敏感区和脆弱区等区域划定生态保护红线，实行严格保护。"这标志着中国初步建立了生态保护红线制度。

生态保护红线制度最早来自地方环境保护的立法探索，改革开放较早、生态环境保护问题较早凸显的一些经济特区，如深圳、厦门等地较早树立了系统保护生态环境的理念，通过地方立法规定了生态红线制度。

生态保护红线的具体划定，是指对维护国家和区域生态安全及经济社会可持续发展，保障人民群众健康具有关键作用，在提升生态功能、改善环境质量、促进资源高效利用等方面必须严格保护的最小空间范围与最高或最低数量限值。具体包括生态功能保障基线、环境质量安全底线和自然资源利用上线，可简称为生态功能红线、环境质量红线和资源利用红线。

生态功能红线，是指对维护自然生态系统服务，保障国家和区域生态安全具有关键作用，在重要生态功能区、生态敏感区、脆弱区等区域划定的最小生态保护空间；环境质量红线，是指为维护人居环境与人体健康的基本需要，必须严格执行的最低环境管理限值；资源利用红线，是指为促进资源能源节约，保障能源、水、土地等资源安全利用和高效利用的最高或最低要求。基于环境容量不同，在不同主体功能区发展中应做到：禁止开发区，必须与生态补偿制度相结合，强调生态产品和生态服务的价值；限制开发区，必须与总量控制和规划环境影响评价相结合；优化开发区和重点开发区，必须与当地发展方式转变、产业结构调整相结合。生态红线划定的主体对象是重要生态功能区、生态敏感区和生态脆弱区。

（二）生态补偿制度

生态补偿是一种使外部成本内部化的环境经济手段。作为环境资源保护的经济手段，生态补偿机制是调动生态保护建设积极性、促进环境保护的利益驱动机制、激励机制和协调机制。生态补偿从狭义角度理解是指对由人类社会经济活动给生态系统和自然资源造成的破坏及对环境造成的污染的补偿、恢复、综合治理等一系列活动的总称。广义的生态补偿则还应包括对因环境保护而丧失发展机会的区域内的居民进行的资金、技术、实物上的补偿、政策上的优惠，以及为增强环境保护意识，提高环境保护水平而进行的科研、教育开支。生态补偿具有范围的广泛性、手段的多样性和补偿的法定性等特点。

生态补偿不仅是环境与经济的需要，也是政治与战略的需要。它以改善或恢复生态功能为目的，以调整保护或破坏环境的相关利益者的利益分配关系为对象，具有经济激励作用。自然资源不仅具有巨大的经济价值，其生态价值的重要性随着环境问题的日益严峻也越发凸显出来。但在现有发展模式下，其生态价值多不被考虑，资源开发、利用者往往把生态破坏的外部不经济性转嫁给社会，并引发一系列社会冲突。同时，所有地区和所有人发展的权利都是平等的，都不能被剥夺，更不能独自承担环境代价，需要相关各方对放弃发展机会的该区域予以补偿，促进区域协调发展。因此，实施生态补偿意义重大。

生态补偿制度是以保护生态环境、促进人与自然和谐发展为目的，根据生态系统服务价值、生态保护成本、发展机会成本，运用政府和市场手段，调节生态保护利益相关者之间利益关系的公共制度。

中国自 1997 年提出积极探索"生态环境补偿机制"以来，生态补偿机制及类似表述多次在相关政策文件中出现。2008 年修订的《中华人民共和国水污染防治法》首次以法律的形式对生态补偿机制予以规定。此后多地开展了生态补偿机制实践及规范制定。2013 年，国家提出"完善对重点生态功能区的生态补偿机制，推动地区间建立横向生态补偿制度"。2014 年，水利部提出要"建立流域上下游不同区域的生态补偿协商机制，推动地区间横向生态补偿"。环境保护法也明确规定国家建立、健全生态保护补偿制度。2016 年，《国务院办公厅关于健全生态保护补偿机制的意见》进一步指出，实施生态保护补偿是调动各方积极性、保护好生态环境的重要手段，是生态文明制度建设的重要内容，须进一步健全生态保护补偿机制。至此，中国逐步实现了生态补偿制度的体系化构建。

补偿方式是影响生态补偿效果的重要因素。单一补偿方式并不是一种持续的、能够根本改善生态状况的方式，应该寻求多元补偿方式。具体有纵向和横向补偿两个维度：纵向就是要加大对重点生态功能区的转移支付力度，逐步提高其基本公共服务水平；横向就是引导生态受益地区与保护地区之间、流域上游与下游之间，通过多种方式实施补偿，规范补偿运行机制。生态补偿问题牵涉许多部门和地区，因此具有不同的补偿类型、补偿主体、补偿内容和补偿方式。为此，国家应建立一个具有战略性、全局性和前瞻性的生态补偿总体框架，逐步走向政府手段和市场化手段相结合的道路。目前应由政府主导，并注重培育市场化手段，使生态补偿机制走向良性循环。随着中国市场经济体制和环境管理体制的进一步完善，市场化补偿方式将能在更大范围内发挥生态补偿的作用。

（三）环保督政问责制度

环保督政问责制度建立在地方政府的环境责任上。环境保护法明确规定了地方政府的环境责任，即对本行政区域的环境质量负责。对本行政区域的环境质量负责，就是要让环境质量越来越好，底线是不能越来越坏。

环保督政问责，是指如果环境质量下降了，生态比过去破坏了，地方政府就要承担责任。如果由于决策错误或者监管不力出现重大生态环境问题，要追究党政领导人责任，而且终身追责。

环境的公共产品性质决定了在某种程度上完全用市场手段来调节是可能失灵的。地方政府环境责任的缺失是环境保护领域政府失灵、环境保护法律失灵的一个重要原因。政府环境责任的缺失主要表现为"重政府经济责任，轻政府环境责任""重企业环境义务和责任，轻政府环境义务和责任""重政府环境权力，轻政府环境义务"。地方政府是推动经济、社会发展的主导力量，在环境保护中也占有主导地位，解决环境问题的主要机制和作用还是集中在政府身上。因此，环境保护法强化了政府责任，让地方政府负责，开创性地设立了环保督政问责制度，通过目标评价机制和考核制度，让政府正确处理保护与发展的关系，在平衡经济发展和环境保护中起更大作用。环保督政问责制度主要体现于环境保护法及相关政策文件中，涉及诸多方面，每一方面都有深刻内涵和很强的针对性，是环保督政问责基本依据。

规定环保督政问责制度，将进一步规范党政领导人的施政行为，既是环境保护的需要，也是在经济转型和可持续发展中发挥重要作用的需要。

三、防治污染和其他公害制度

防治污染和其他公害制度是国家为预防、治理环境污染和其他公害而建立的法律制度的总称，是环境保护法的重要组成部分，以对环境污染和其他公害的防治为主要内容。按照在防治环境污染和其他公害中功能的差异和制度的不同着力点，它可以分为预防性控制制度和治理性控制制度。

（一）排污总量控制制度

排污总量控制制度，是指国家环境管理机关依据所勘定的区域环境容量决定区域中的重点污染物质排放总量，根据排放总量削减计划，向区域内的企业分配各自的重点污染物排放总量额度的一项法律制度。

中国从 20 世纪末开始实行污染物排放总量控制制度。在"十一五"及"十二五"国民经济和社会发展规划中，重点污染物减排指标被列为约束性指标的同时还制定了全国主要污染物排放总量控制计划。水污染防治法和大气污染防治法也对总量控制制度作了规定。在这些制度的基础上，环境保护法明确规定，国家实行重点污染物排放总量控制制度，从法律层面确立了总量控制制度作为环境保护法基本制度的地位。

排污总量控制是将某一控制区域作为一个完整的系统，采取措施将排入这一区域的污染物总量控制在一定数量之内，以满足该区域的环境质量要求的一项措施，核心在于确定污染物的排放总量。

确定排污总量具有很强的政策性和技术性，应该遵循公平、科学、合理原则。

首先，要通过制定全国及区域性的环境质量规划，拟订向环境排放的各主要污染源及各单位的污染物允许排污的总量，并应与各企业的污染物排放总量控制规划提出的排污总量相互协调统一。

其次，要考虑各地区的自然特征，弄清污染物在环境中的扩散、迁移和转移规律与污染物的净化规律，计算环境容量，并综合分析该区域内的污染源，通过建立一定的数学模型，计算出每个污染源的污染分担率和相应的污染物允许排放总量，求得最优方案，使每个污染源只能排放小于总量排放标准的排放量。然后，按照这个总量下达、分解、落实，遵守污染物排放总量控制指标。排污总量控制制度可使环境质量目标转变为排放总量控制指标，落实到企业的各项管理之中，成为生态环境部门发放排污许可证的根据，也可以成为企业经营管理的基本依据。

（二）排污许可管理制度

排污许可管理制度，是指凡是对环境有不利影响的各种开发、建设项目的排污设施及其经营活动，需要事前经过申请，经主管部门审查批准，颁发许可证后，才能按照规定的要求或条件进行建设和排污活动。

排污许可管理制度是国家为加强环境管理而采用的一项制度，因其可以由管理机关针对不同的对象"量身定制"，并且可以实行跟踪管理，而被认为是环境管理的"支柱性"制度。这项制度在中国的许多环保法律、法规中均有体现，主要包括：国家实行排污许可管理制度，完善污染物排放许可制，在全国范围内建立统一公平、覆盖所有固定污染源的企业排放许可制，依法核发排污许可证，排污者必须持证排污，禁止无证排污或不按许可证规定排污。

排污许可管理制度贯穿排污单位建设、生产、污染控制、现场监理等环境管理的全过程，能从源头上解决环保中的"搭便车"和外部性问题，是环境保护的基础性制度。在环境管理转型的大背景下，排污许可管理制度的确立是中国环境管理的重大变革，体现了排污许可证的重要地位。

（三）突发环境事件应急制度

突发环境事件，是指由于污染物排放或自然灾害、生产安全事故等因素导致污染物或放射性物质等有毒有害物质进入大气、水体、土壤等环境介质，突然造成或可能造成环境质量下降，危及公众身体健康和财产安全，或造成生态环境破坏，或造成重大社会影响，需要采取紧急措施予以应对的事件，主要包括大气污染、水体污染、土壤污染等突发性环境污染事件和辐射污染事件。

突发环境事件定义明确了突发环境事件的原因和界定，列举了引发和次生突发环境事件的情形，将突发性污染和一些累积性污染都纳入突发环境事件的范畴，体现了国家对环境安全的底线思维，有利于最大限度地减少事件的环境影响，有助于增强各级政府及其有关部门和企业的环境意识，适应从单项向综合转变的发展态势，尽可能减少对环境的损害，防范次生突发环境事件。环境应急是针对可能或已发生的突发环境事件需要立即采取某些超出正常工作程序的行动，以避免事件发生或减轻事件后果的状态，也称为紧急状态。

当前，中国的环境安全形势面临严重挑战，环境应急管理形势严峻，一是突发环境事件频发，二是环境风险十分突出，且二者呈现出高度复合化、高度叠加化和高度非常规化的趋势。频发的突发环境事件和环境风险，对环境应急管理提出更系统、更严格和更规范的要求。

制定突发环境事件应急制度，有助于从总体上加强环境应急管理工作，有效应对突发环境事件严峻形势，有力保障环境安全，促进经济社会的协调发展。在中国，最初由《中华人民共和国海洋环境保护法》规定了因船舶海损事故而采取的强制应急措施；后来，水污染防治法规定了水污染事故的强制应急措施；大气污染防治法对大气污染事故的应急制度作了规定；国家制定了《中华人民共和国突发事件应对法》，原环保部针对突发环境事件制定了规章；环境保护法第47条规定了突发环境事件应急制度，随后国务院办公厅又修订颁布了《国家突发环境事件应急预案》和《突发环境事件应急管理办法》，进一步明确了生态环境部门和企业事业单位在突发环境事件应急管理工作中的职责定位，从风险控制、应急准备、应急处置和事后恢复四个环节构建全过程突发环境事件应急管理体系。至此，中国建立了较完备的突发环境事件应急制度。

（四）"三同时"制度

"三同时"制度，是指一切新建、改建和扩建的基本建设项目（包括小型建设项目）、技术改造项目以及自然开发项目和可能对环境造成损害的工程建设，其中防治污染和其他公害的设施及其他环境保护设施，必须与主体工程同时设计、同时施工、同时投产的法律制度。

建设项目一般包括设计、施工和投入使用三个阶段，"三同时"制度贯穿于建设项目的全过程，并对三个阶段提出了不同的要求。这有利于控制新污染源的产生和贯彻预防为主、防治结合的原则，有利于保证项目建成后排放的污染物符合环境标准。

"三同时"制度是中国环保工作的一个创举，是源头控制和过程控制的有机结合，有利于推进清洁生产制度。从功能上来讲，"三同时"制度就是为了强调污染防治的"及时"性和"到位"性，目的是要"随时随地"地预防环境污染产生，并在不同阶段对"三同时"制度提出了不同的要求。"三同时"制度与循环经济的"少污染或不污染"并不冲突，是末端治理的改良，并且体现了循环经济中减量化的要求，对防治环境污染起到了重要作用。这项制度始于20世纪70年代，其后适用范围、控制方法等不断得到完善，环境保护法进一步在第41条对防治污染设施的建设、质量、拆除或者闲置作出了新规定，大大增强了制度的可操作性。

随着社会的不断发展，环保理念也在不断发展变化，集中治理等新的环境管理制度相继提出。集中治理体现了社会化、集约化的污染治理模式，突出了市场经济条件下企业成本的最小化、效益的最大化。"三同时"制度要继续完善，与其他环境管理制度进一步衔接、融合。

建设单位必须严格执行"三同时"制度。凡建设项目的环境保护设计内容未经环境保护行政主管部门审批、审查的，不予办理施工执照，擅自施工的责令其停工，补办审批手续；试生产建设项目的环境保护设施未与主体工程同时投入运行的，由生态环境部门责令其限期改正；逾期不改的，责令其停止试生产，并可处以罚款。建设项目的防治污染设施没有建成、没有验收或没有达到规定的标准而投入生产或使用的，由有关的生态环境保护行政主管部门责令其停止生产或使用，并可处以罚款。

对于发生突发环境事件并造成后果的，相关法律、法规已多有严格规定，但在风险防控和应急准备阶段，环境保护法和突发事件应对法等有相关义务规定，但没有与之对应的责任规定或者规定不明。为完善制度，生态环境部门规章针对6种情形设立了警告及罚款等法律后果。

企业有义务按照许可证记载的事项履行防止污染、保护环境行为；监管机关必须按照许可证记载的事项进行跟踪检查与督促。现场检查应针对许可证的要求进行，对不履行许可证义务的行为要依法追究法律责任，加大惩罚力度，明确提高罚款数额，罚款数以污染物单论，并与按日计罚挂钩。对违法发放许可证和不履行监管义务的责任人也要追究责任。

环境保护法对政府和企业的违法行为分别规定了相应法律后果。地方政府责任主要有区域环境影响评价限批、限期达标、行政问责、党政同责等。企业责任具体有限制生产、停产整治、责令停业、关闭及依法承担民事责任、刑事责任等。

第六节　环境责任与中国实践

一、环境责任原则

(一) 环境责任概述

"谁污染谁治理""谁开发谁保护""谁破坏谁恢复"环境责任原则,是"谁主管谁负责"等原则的概括,是使造成环境问题"谁利用谁补偿"者承担责任并建立环境资源工作或环境保护工作责任制的一项环境法基本原则。该原则对于建立健全政府、单位环境责任制度,以及其他环境责任制度和环境保护监督管理的法律制度,特别是政府环境责任目标制度、环境责任考核制度和问责制度,具有重要的意义和作用。

从国外的发展来看,在相当长的一段时期内,造成环境问题的人只要没有对具体的人及财产造成直接损害就不承担任何责任。随着环境问题的加剧,各国政府开始对环境保护实行财政援助。而政府的这种支出,实际是将个别人的环境破坏行为带来的损失转嫁到全体纳税人的身上。这种将"环境成本外部化"的做法引起了公众的普遍不满,为了解决造成环境污染的责任问题,由西方24个国家组成的经济合作与发展组织环境委员会于1972年首先提出了"污染者负担原则"或"污染者付费原则"(Polluter Pays Principle)。由于这项原则有利于实现社会公平和防治环境污染,所以很快得到国际社会的认可,并被一些国家确定为环境保护的一项基本原则。例如,《韩国环境政策基本法》第7条明确规定:"对因自己的行为或项目活动而引起的环境污染的人的费用负担原则是,让其缴纳防治其污染和恢复已被污染的环境及对受害者救济所需要的费用。"《澳大利亚政府间环境协定》规定:"污染者付费,即产生污染和废物者应该承担责任控制、避免或减少污染和废物的费用。商品的利用者应该根据所提供的商品和服务的整个生命周期的成本费用付钱,包括自然资源和财产的利用以及废物的最后处置。"《里约宣言》在原则16中规定,"考虑到污染者原则上应承担污染费用的观点,国家当局应该努力促使内部负担环境费用"；这是对环境责任原则的国际认可。在《21 世纪议程》等国际环境政策文件和其他国际环境条约中也有环境责任原则的内容。

中国早在 1979 年《环境保护法（试行）》中已经明确规定"谁污染谁治理"的原则。后来的《环境保护法》和其他环境法律，虽然体现了该项原则的精神，却没有直接用上述语言规定该项原则。1980 年的《广东省人民政府关于加强环境保护工作的规定》是较早提出"谁开发谁保护"原则的政府行政法规。《国务院关于进一步加强环境保护工作的决定》规定了"谁开发谁保护，谁破坏谁恢复，谁利用谁补偿"的方针，并要求地方各级人民政府依照《环境保护法》的规定，"切实对本辖区的环境质量负起责任"。《国务院关于环境保护若干问题的决定》明确规定："污染者付费、利用者补偿、开发者保护、破坏者恢复"，"地方各级人民政府对本辖区环境质量负责，实行环境质量行政领导负责制"，"地方各级人民政府及其主要领导人要依法履行环境保护的职责"。《水污染防治法》和《大气污染防治法》等环境法律都对环境保护目标责任制做了原则性规定。如 2008 年 2 月修订的《水污染防治法》规定，"县级以上地方人民政府应当采取防治水污染的对策和措施，对本行政区域的水环境质量负责"。另外，有关企业法规，有厂长对本厂环境保护工作负责的规定；有关土地承包、企业承包经营的法律或规范性文件，有承包者同时承担有关环境保护工作或任务的规定。《清洁生产促进法》和《固体废物污染环境防治法》等法律法规相继规定了生产者延伸责任、共同责任、协调责任、社会责任等。上述规定，共同形成了中国的环境责任原则。

（二）环境责任原则的内容

关于这一原则，目前学界对此的表述不一，下面是一些影响比较大的内容。

1. 明确了"环境责任"的含义及政府和污染源单位的不同责任

本章环境责任原则中的环境责任，是指造成环境问题的行为人或正在从事某项影响环境行为的行为人所应履行的法律义务。这种环境责任实际上是法律对有关单位和个人提出的环境要求。许多环境法律中规定的环境污染和环境破坏损害赔偿责任是一种民事责任，承担责任的条件是因环境污染而损害了其他公私财产和人体健康，如果仅仅造成了环境问题（包括环境污染和环境破坏）则不承担环境民事责任。至于其他违法环境责任，如环境行政责任、环境刑事责任，则分别用于违法环境行为和环境犯罪行为，这些内容将在后面章节中专门介绍。

环境责任原则首先明确了政府和企业事业单位（环境污染破坏源单位）的不同责任。根据环境责任原则，在建立环境责任制方面，应该坚持政（府）企（业）分开：政府作为监督、管理和执法者应该对所辖区域的环境质量负责，应该对所辖区域的企业活动依法实行宏观调控、监督管理；而企业作为独立的法人，享有环境资源方面的法律权利并承担法律义务，自主开展生产经营活动并承担环境责任，造成环境污染和破坏的单位或企业应该对其污染破坏环境的行为负责，这种责任不应由政府承担。

2. 谁主管谁负责

所谓谁主管谁负责是指，行政区的首长对该行政区的环境质量负责，如省长、市长、县长、镇长、乡长对本省（市、县、镇、乡）的环境质量负责；企业、事业单位的法人代表（如厂长、经理等）对本单位（如工厂、公司等）的环境保护负责；承包人对所承包的生产、建设、经营活动的环境保护负责。谁主管谁负责是中国环境管理制度的核心。

3. 谁污染谁承担责任

这里的"谁"是指造成环境污染的单位和个人，包括企业事业单位、外资企业、个体企业和个人。责任的内容，包括采取防治措施、对污染源的治理和对被污染了的环境的治理。承担责任的方式，包括污染者直接防治、承担治理费用或支付治理费用。所谓谁污染谁治理，是指污染破坏环境资源者必须承担恢复、整顿、治理环境资源的责任。《固体废物污染环境防治法》第5条规定"国家对固体废物污染环境防治实行污染者依法负责的原则"。"谁污染谁承担责任"，是中国污染防治政策的核心，它确立了污染者承担治理污染责任、缴纳排污费等制度。谁污染谁承担责任与欧盟及其成员国的污染者付费原则相似。

4. 谁破坏谁承担责任

该责任是"谁开发谁保护、谁破坏谁恢复、谁利用谁补偿"的简化。这里的"谁"是指开发利用环境资源并造成环境破坏的单位和个人，因为任何开发利用环境资源的行为都可能会对原有环境资源造成不同形式、不同程度的改变或破坏。责任的内容，包括开发利用者采取有效措施防止对环境资源的破坏和浪费，开发利用者或破坏者直接采取保护措施、整治环境、治理破坏和恢复原状，或者承担整治费用或支付补偿费用。例如，《环境保护法》第19条规定："开发利用自然资源，必须采取措施保护生态环境。"《水土保持法》第 17 条规定："企业事业单位在建设和生产过程中必须采取水土保持措施，对造成的水土流失负责治理。本单位无力治理的，由水行政主管部门治理，治理费用由造成水土流失的企业事业单位负责。"该责任是中国资源保护、自然保护政策的核心，它确立了开发利用自然资源者承担自然保护责任、对环境破坏进行整治的制度。

5. 其他责任

目前环境责任已经从生产者的直接生产责任扩大到生产之外的延伸责任，从污染者、破坏者、主管者的责任扩大到相关人员的合作责任、协作责任，从而形成了公平责任和共同责任原则。生产者延伸责任 (extended producer responsibility，简称 EPR)，是指将产品生产者的责任延伸到其产品的整个生命周期，特别是产品消费后的回收处理和再生利用阶段，使生产者承担废弃产品的回收、处置等有关的法律义务，促进改善产品全部生命周期内的环境影响状况的一种环境保护制度。传统上，生产者对产品的责任被界定在产品的设计、制造、流通和使用阶段，而产品废弃后，则由地方政府对废弃物负责处理，生产者不再承担责任。而在生产者责任延伸制度下，传统的生产者责任扩展到产品的整个生命周期，将废弃物的处置责任从地方政府全部或部分地转移向生产者，生产者对其产品从摇篮到坟墓都将承担相应的责任。

中国通过《清洁生产促进法》《固体废物污染环境防治法》等法律法规，已经初步建立了生产者延伸责任的制度。例如，《清洁生产法》第 27 条规定，"生产、销售被列入强制回收目录的产品和包装物的企业，必须在产品报废和包装物使用后对该产品和包装物进行回收"。在美国等国家，通过将生产者延伸责任改为产品延伸责任，而逐步形成了共同责任。所谓共同责任，是指所有与环境保护有关的组织、单位和个人都有防治环境污染和生态破坏、保护环境的责任，即污染破坏者、管理者和非污染破坏者，以及生产者和非生产者 (销售者、进口者、使用者)，包括政府、生产经营单位和个人，都应依法承担污染防治责任。例如，中国 2004 年修订的《固体废物污染环境防治法》第 5 条明确规定："产品的生产者、销售者、进口者、使用者对其产生的固体废物依法承担污染防治责任。"

责任即意味着利益，有责任即有利益。目前中国有些环境法规和政策文件已经涉及环境责任和环境利益的公平，强调在生态环境保护和生态环境建设中实现利益的公平和利益的增进。因为只有做到责任公平和利益公平，并且实现利益增进，才能发展和繁荣生态环境保护和生态环境建设事业，才能发展和促进生态环境保护和建设产业，才能促进经济、社会和环境的协调发展和可持续发展。

二、中国的环境责任实践现状

20世纪80年代以来，中国经济获得快速发展，人民生活水平得到极大提高，这早已是公认的事实。而与此同时，中国经济的高速增长是一种粗放型的增长，是以高耗能、高污染为代价换来的，这亦是一个不争的事实。我们不能说我们的政府没有为环境保护付出过努力，早在1982年环境保护就被确立为中国的一项基本国策，40多年来中国制定的环境法律法规更是不计其数；我们也不能说我们的国民没有意识到环境保护的必要性，因为"保护环境，人人有责"的口号对我们每个人来说都耳熟能详。但是当前的环境保护现状，还是不理想的。造成这种情况的原因是多样的，这些都不是我们逃避环境责任的借口，承认这些借口就是对我们自己的纵容和不负责任。现在我们需要做的是认清中国的基本国情，分析中国在开展环境责任实践中的优势与劣势，积极、合理地推进中国的环境保护事业。

发展阶段的局限：现代化进程与环境保护的"共时性"众所周知，中国现有基本国情是中国处于并将长期处于社会主义初级阶段。我们的基本目标是到21世纪中叶基本实现中等发达国家水平。从基本国情与基本目标的对比之中我们能看到什么？大部分人看到的也许会是中国经济社会发展水平在未来的飞跃。但作为一个环保人，我们应当理性地看到在这一阶段我们将面临的巨大环保压力。如果从中华人民共和国成立算起，一直到21世纪中叶，是整整一百年的时间。我们的目标是要用这一百年的时间走完西方发达国家用几百年时间走完的路，实现社会的基本现代化。但是，我们与西方发达国家当时所处的历史条件已经迥然不同。在西方国家工业化进程的大部分时间里，人类还没有真正意识到经济发展对自然环境的巨大损害，排污也好，资源消耗也好，一切都是那么的"正当"。可以说，西方发达国家在实现工业化的进程中基本没有遭受来自环保方面的束缚，发展起来当然"挥洒自如"。显然，中国当前的发展已经没有了这种"天时"，不仅经济和科技发展对自然环境的负面效应如今已经大白于天下，而且人们在环境方面的诉求也与半个多世纪以前不可同日而语。这使得我们的发展面临着来自国内民众和国际社会的双重压力。一方面是中国经济总体水平与发达国家还有很大差距，我们必须迎头赶上；而另一方面，我们发展经济还不能毫无顾忌，还必须考虑到环境承载力。这就是作为一个后发型国家在当今时代不得不面对的两难困境。

为了对中国所面临的两难困境有更深了解，我们有必要拿西方主要发达国家的历史与我们当前的现实做进一步的对比。考察一下西方主要发达国家的历史我们就会发现，这些国家早在"二战"之后的五六十年代就已经初步实现了现代化，发达国家与发展中国家类型的划分大概也是从那时才开始的。除此之外，20世纪五六十年代还有另一个特殊意义，那就是它在环境史上的意义。因为这个时间恰恰是人类现代环境历史的开端和现代西方环境运动高潮期的前夜。如果我们把这个时间视为一个点，那么这个点的存在决定了在西方社会发展的历史进程中，现代化的实现问题与环境保护问题总体上是两个处于不同时代的问题，是"非共时性"问题。二者即使在那之后存在一定交叉，也主要是现代化的深化问题与环境保护问题之间的矛盾与冲突问题。后来的人们之所以通常把西方发达国家在环境保护的早期走过的路称为"'先污染，后治理'路子"，原因大概就是由于我们所说的西方实现现代化并导致污染在"先"，而开始注重环境保护并进行治理在"后"。现在来看，这种因历史原因形成的"先污染，后治理"模式尽管对自然环境极为不利，但客观上却使西方社会避免了在现代化进程中遭受环境保护这一"障碍"。

三、中国环境责任落实问题

环境问题具有一般性和普遍性，是世界各国都必须面临一个整体性问题，因此一些发达国家所走过的路可以为中国环境保护和环境责任实践的开展提供可借鉴的经验。与此同时，中国目前所面临的经济社会现代化与环境保护的双重压力又是发达国家没有经历过的，这就需要我们根据中国国情展开积极探索，寻找出一条真正适合中国实际的环保之路。

（一）对中国环境责任主体作用的审视

环境责任主体的作用，就是中国环境责任主体在资源节约型、环境友好型社会建设中各自应当担当何种角色、起到何种作用。为什么要探讨环境责任主体的作用问题呢？原因在于任何事业的开展主体的作用始终是第一位的，而要想充分发挥主体的作用，就必须先辨明这些主体各自应发挥什么作用。只有这样，不同类型的主体才能各司其职、各负其责。对于环境责任主体的作用问题，目前学界鲜见有专门探讨，但一些学者在讨论资源节约型、环境友好型社会建设问题时曾有所提及。

1. 政府的作用

对于政府在环境责任实践中的主导性作用，众所周知，自然环境是一种公共物品，是社会共同的"财产"，它不可能专属于某个特定的个体。它的这一特性决定了个体往往会为追求个人私益而破坏自然环境，从而形成"公有地的悲剧"。在这种对环境"人人有责"实际演变成"人人无责"的情况下，完全依靠人们的自我觉醒来保护环境并不是一种理智的选择。而只有充分发挥代表社会整体利益的政府的作用才可能对人们的个体破坏行为进行规制，并对自然资源实行有效的利用和管理。毕竟，相对于个人的自私性，政府的公共性要可靠得多。具体到中国来说，由于历史和现实的因素，中国实际上已经形成了权威性政府的政治传统，而且事实证明，这种传统所蕴含的力量是绝对不能低估的，这是中国各项建设取得成功的政治优势所在。尤其在目前中国大部分公众的环境意识尚有待提高的情况下，政府的这种权威作用显得尤为重要。当然，要使中国政府在"两型"社会建设的环境责任实践中真正发挥主导性作用，我们还面临不少问题。其中最主要的问题是地方政府贯彻落实环境责任的动力不足问题。有学者在归纳中国环境法实施的障碍问题时指出，当前环境法律法规实施不力的深层原因，在于开展环境资源保护工作在短期内既不符合地方政府的经济利益，也不符合地方政府的政治利益，还在于立法工作中的部门利益问题严重影响国家层面环境资源立法的质量。①

地方政府和某些部门对待环境保护的态度由此可见一斑。但是，随着科学发展观的提出，这一问题已有解决之道。只要中央政府真正将发展过程中的资源消

---

①孙佑海. 影响环境资源法实施的障碍研究 [J]. 现代法学，2007（2）.

耗、环境损失和环境效益逐步纳入经济发展的评价体系，把环境保护纳入领导班子和领导干部考核的重要内容，并将考核情况作为干部选拔任用和奖惩的依据之一，这一问题或将迎刃而解。

2. 公众的作用

对于中国政府在环境保护中的主导性地位和作用应该不会有多少人表示质疑，我们现在所面临的更重要的一个问题是公众的地位和作用问题。我们强调在环境保护实践中的"公众参与"作用，从"公众参与"的产生来看，它是一个源自行政法上的概念，而行政法的"政府管理法"色彩决定了"公众参与"是政府决策和管理科学化的手段，具有从属性。直接把这种具有从属性的概念或制度借用到环境保护之中并非没有意义，因为这有利于促进政府进行有效的环境决策和管理，而且相对于过去拒绝公众参与或忽视公众的力量，认识到公众参与对环保治理的关键作用，这也是相当大的进步。但是，公众参与却无法体现出公众在环境保护和环境责任实践中应当具有的"主体"地位。我们说一种事物是"主体"，那么该事物在地位和作用上要有独立性，在意识上要有自主性和积极性，而"公众参与"中的"公众"并不完全具备这些特点。因为在这里公众所从事的是"参与"，是政府的"帮手"，而不是独立自主地"推动"或"推进"。通俗一点说，公众"参与"与公众"推进"的最大区别在于前者是公众在"帮助政府搞环保"，而后者是公众"为了自己搞环保"。一词之差，可以反映出公众在环境保护中两种完全不同的地位。当然，单纯地讲"参与"与"推进"字面上的区别还不具有足够的说服力，如何真正将具有从属性的公众"参与"转换为反映主体性的公众"推进"恐怕才是最重要的。解决这一问题，关键是要做好两点：一是要承认公众的环境权利，尤其是要在法律中承认公民的环境公益诉权，为"公众推进"环境保护、主动履行环境责任提供有效的法律路径；二是要鼓励、支持和引导环保组织的发展，尤其是民间环保组织的发展，使公众能够有组织、有秩序、自主地开展环境保护。

3. 企业的作用

企业在环境保护中的作用也是本文一直所强调的，但客观地讲，企业作为资源的主要消耗者和环境的主要破坏者，在各种主体中是最难自觉履行环境责任的。而且，在中国现有的紧迫的环保形势下，寄希望于各种企业自觉履行环境责任也很不现实，通过法律来"延伸"企业环境责任并用强制性手段保障实施应当成为主要选择。除此之外，市场对企业的积极引导同样不容忽视，其作用往往也是法律的强制所无法比拟的。因此，我们对于企业在环境保护中地位和作用的定位也不宜过高，综合来看，企业只要能做到自觉接受市场引导并且不违反法律就已非常难得。

（二）对中国环境责任缺乏做法

人们环境知识的匮乏和责任意识的缺失是目前中国开展环境责任实践面临的两大难题。二者的产生和存在都有深刻的体制因素和社会原因，也很难在短期内予以克服，但在目前环境保护的紧迫形势下，我们不能任其放任自流，而必须有所作为。这就需要我们从两个大的方面着手。

第一，我们必须建立相对完善的环境教育体制，对广大公众实施环境道德启蒙，以增强全民环保意识。这里所说的环境教育体制是一个包括相应的学校教育、社会教育和家庭教育在内的"三位一体"的综合性系统，具体可以分为以下几点：

首先，环境教育应当贯彻到从小学到大学的整个学校教育的全过程，尤其应当注重对小学生和大学生的教育。在教育内容上，应当摆脱现有的侧重灌输自然科学知识的倾向，增加环境道德教育的内容，增强学生对人与自然关系的认识。同时，应当积极引导学生参加环境保护实践活动，培养学生对自然的情感和对社会的责任感。

其次，大力普及社会环境教育，动员全社会共同行动起来。国家机关、企事业单位以及各种社会组织应当把对其工作人员、雇员和成员的环境教育作为一项基本工作来抓，以增强人们的环境责任意识；广播、电视、报纸、网络等公共媒体应当加强环境知识的宣传和引导，营造良好的舆论氛围；出版单位应当结合中国公众环境意识的实际，组织出版一些通俗易懂但又深刻独到的环保书籍，真正从思想上来启发人们的心灵。

再次，让环境教育走入家庭。广大父母除应提高自身环境意识外，应当教育孩子勤俭节约，在培养孩子良好卫生习惯的过程中渗透环保意识，增强孩子的社会公德心，并通过生活实例教育孩子知环保、懂环保。

第二，我们必须加强对公众的责任意识和集体主义精神的培养，同时对市场经济条件下人们追求利益与权利的意识和行为进行正确引导。目前，随着极端个人主义、权力中心主义和物质主义在中国社会的出现，社会责任问题也已经开始受到人们关注，"企业的社会责任""媒体的社会责任""科学家的社会责任""法学家的社会责任"等字眼频繁见诸报端，这是一个令人欣喜的现象。但不得不承认的是，讨论这些问题的人还主要局限于社会精英中的理性分子。从大众的角度看，对责任的关注恐怕还不是主流。因此，像开展环境教育一样，在全社会开展一场社会责任运动也是必要的。为此，我们完全可以从传统文化中汲取一些有关社会责任问题的"精华"，借鉴吸收国外社群主义理论中的一些优秀成果，同时大力提倡我们社会主义社会所一直坚持的集体主义精神，促使各行各业的人们对自身所担负的社会责任进行深刻反思，以增强人们对利益与责任、自我价值与社会价值辩证关系的正确认识。一个良好的社会应当是利益与责任、权利与义务相对平衡的社会，而不应是其中任何一方面占据绝对主导地位的社会。只有当人们认识到我们每个人不仅是我们自己，而且还是我们所处的各种"共同体"的成员的时候，人们的社会责任感才能真正油然而生，环境责任的社会意识基础才能真正牢固。

四、中国环境法案例实践解析

（一）事件概况

2005年11月13日，位于吉林省吉林市的中国石油天然气集团公司吉林石化分公司双苯厂的苯胺车间发生剧烈爆炸，事故导致5人死亡，1人失踪，近30人受伤，10000多名居民被迫离开家园。爆炸厂区位于松花江上游最主要的支流第二松花江江北，距离江面仅数百米之遥，松花江一路向北流入黑龙江（俄方称阿穆尔河）。此次吉林石化爆炸事故产生的主要污染物为苯、苯胺和硝基苯等有机物，事故区域排出的污水主要通过吉化公司东10号线（雨排线）进入松花江，造成100吨左右高毒性和可致癌的化学物质泄漏到松花江中，这些有毒有害化学物质可以通过呼吸、皮肤接触和食用等方式进入人体，对人体产生严重后果。同时，更为严重的是，这些有毒有害化学物质一旦渗入地下水，将产生严重的环境污染后果。11月22日，中国外交部正式就松花江苯污染事件知会俄罗斯。11月23日，中国原国家环保总局发布公告承认，由于吉化爆炸事件，松花江发生重大水污染事件。

受这次爆炸事故的影响，松花江发生重大水污染事件，导致下游沿岸的大城市哈尔滨、佳木斯以及松花江注入黑龙江后的沿岸俄罗斯大城市哈巴罗夫斯克等面临严重的城市生态危机。在事件发生的 46 天里，经过中国政府的奋力抢险，与俄罗斯方面的通力合作，以及联合国环境署和其他环境保护组织的有力支持，12 月 29 日俄罗斯哈巴罗夫斯克边疆区政府宣布，松花江污染带尾部残余当天已全部移出哈巴罗夫斯克市区阿穆尔河（黑龙江）水域。哈巴罗夫斯克市已恢复自来水供应。至此，中国政府成功地化解了这次严重的污染危机。由于这是在中国境内发生的第一次严重的跨国界污染事件，引起了中国政府的高度重视，也引起了世界各国的关注，所以这次事件可以被看作是对中国环境外交的重大考验。

（二）案例具体分析

1. 跨界环境损害

松花江水污染事件是中国经济发展过程中的灾难性事件，目前跨国水污染事件仍然是困扰各国的国际环境问题，跨国界水体保护仍然面临巨大挑战。

（1）通过环境利益引申环境损害的概念

若要对环境利益作出界定，不得不引出一个先决概念"环境权"。"环境权"在国际环境法领域已不是一个全新的课题。20 世纪 60 年代起，世界范围内就已经提出了"环境权"的概念，但时至今日，世界各国对这一权利的认识从其内涵、外延再到其种类、性质还存有较多争议。仅具有代表性的观点就有"人权理论""代际公平理论""公共信托理论"等。尽管事实如此但在各国无论是政府、还是学者抑或是普通公民，可以在一点上达成共识，即人类对于自身生存、发展不可或缺的环境，所享有的既得利益不应受到侵犯。这种既得利益对于作为权利主体的"人"而言，就是其应该享有的环境利益。利益是权利存在的基础，利益经过法律确认即可成为权利。法律正是通过确认各种需要保护的利益，赋之以法律权利的效力，以达到调整人类活动的特殊目的。所以，环境利益经过生效法律文件的明确承认，就可以成为"环境权"。

（2）确认环境利益的国际性文件

抛开环境权具体性质的争执暂且不论，人们对于环境不应遭到破坏以及人类对赖以生存发展的环境，所享有的利益需要得到尊重已经取得共识。这一点已在多部国际性文件中得到确认。

①《斯德哥尔摩宣言》（联合国人类环境宣言）是 1972 年联合国人类环境会

议所取得的重要成果。该宣言在序言中提到"环境给予人以维持生存的东西，并给他提供了在智力、道德、社会和精神等方面获得发展的机会。人类环境的两个方面，即天然和人为的两个方面，对于人类的幸福和对于享受基本人权，甚至生存权利本身，都必不可缺少"。尤其是该宣言第一条称"人有在足以保持尊严和福利的环境中享受自由、平等和丰富的生活条件的基本权利。"这一条款可以视为确认了，人类应享有适宜、健康和能够提供可持续发展的环境权与环境利益。[①]

此后，关于环境利益的规定陆续出现在一些区域性或全球性权利公约中，如1998 年《美洲人权公约附属议定书》第 11 条、1989 年《儿童权利公约》第 24 条第 2 款，类似的规定还在其他若干国际组织的宣言或决议中有所体现。

② 1982 年的《世界自然宪章》在序言中所宣示的主要内容，呼应了《斯德哥尔摩宣言》中的部分概念和理念："人类是自然的一部分；文明起源于自然；每种生命形式都是独立的，无论对于人类的价值如何，都应得到尊重。"宪章指出"由于人类能够改变自然资源、耗尽自然资源，因此人类必须维持大自然的平衡和质量，并养护自然资源，因此人类必须维护生态进程和基本的生态系统……"。

该宪章在一般原则部分特别强调："大自然应受到尊重，其基本过程不得被破坏，以维持生态系统的适宜持续生产率而不危及其他物种。"此外宪章的第 23 条还明确规定当环境受损和退化时，应有办法诉请补救。

③ 1992 年的《里约环境与发展宣言》是人类环境发展史上第二个重要的共同纲领，此宣言在序言中重申了 1972 年通过的《联合国人类环境宣言》的部分内容，并谋求在原有基础之上再推进一步。提出"在国际环境领域应加强国际合作"构成这一宣言的主要特色。该宣言原则 7 指出，各国应合作以维持、保护并恢复地球生态系统的健康和完整。

（3）对环境利益的侵害才是环境损害

环境损害是环境本身所受到的"直接损害"，是环境的生态功能所遭受到的各种破坏。即环境损害，是对上文中所述环境利益的直接侵害。它具体表现为环

---

① 那力. 国际环境法 [M]. 北京：科学出版社，2005.

境要素遭到损害后，所导致的区域环境质量下降以及生态功能减退等一系列现象。

而由此引起的人身伤害与财产损失，相对于"环境损害"本身而言都只是一种"间接损失"。这种间接损失并不是"环境损害"一词所表达的真正内涵。因为环境的损害，反映的是人与自然的关系。被损害的对象是土地、水、空气等环境要素。

此时，环境本身不再作为致损的媒介，而是受损的"主体"。当土地、水、空气等环境要素遭到污染损害后，环境自身最初具有的环境生态功能必然遭受减损，进而影响到人们享有清洁空气、清洁水源等性质的环境利益。所以，环境损害行为的侵害标的是环境要素，侵害的利益是人们享有的良好环境利益。

2. 界定跨界环境损害

跨界损害可以因任何形式产生，但作为一个严格的学术定义，传统的跨界损害是指，在两个国家之间通过空气、土地或水传播，并且跨越了边界的损害。而关于"跨界"一词的具体内含，则可以通过国际法的相关理论与成果进行理解和界定。1979 年《远程跨界空气污染公约》认为，"跨界"是指污染源完全处于一国管辖或在一国管辖的地区以内，而对另一国管辖的地区造成的有害影响。1982 年国际法协会通过的《适用于跨国界污染的国际法规则》认为"跨界"是指，污染的全部或局部物质来源，在一国的领土以内并对另一国的领土产生了有害后果。

关于"跨界损害"的定义，国际法委员会在 2001 年通过的《预防危险活动的跨界损害条款草案》中，将之界定为"在除起源国以外的一国领土或一国管辖或控制下的其他地方所引起的损害，不论有关国家是否拥有共同边界。"其中，"损害包括对人、财产和对环境造成的损害"。

在通常情形下的国际法中，跨界环境损害所具有的特征包括：第一，损害是由人为活动造成的；第二，损害必须是起源于人为活动的有形后果；第三，必须出现跨界影响；第四，损害后果必须是重大的或实质性的。如若在事实中出现了具备如此特征的重大跨界环境损害事件，虽然按照当前的国际法实践，使相关国家承担国际法上的国家责任仍然具有不确定性，但当损害事实是由某国的企业或个人引起时，则行为人的国际民事赔偿责任在法律上应是客观存在的，也是可以被相关受害人所起诉追究的。

3. 跨界损害责任制度

"跨界损害责任"是指国家为其管辖或控制下的活动造成国家管辖或控制范围以外地区的环境损害而承担的赔偿责任。由于该活动虽然造成损害性后果，但其本身并非国际法所禁止，因此也被称为"国际法不加禁止行为所产生的损害性后果的国际责任"。所谓国际法"不加禁止"包含两方面的情况，一是国际法文件规定对此种行为不加任何限制，即不加禁止而允许的；另一种是国际法文件对此种行为没有明文规定禁止也没有明文规定允许。这就意味着，只看行为与后果的关系，而不问其行为是否违反国际法的规定。这责任制度的特点是：损害发生以后，并不以行为者的过失作为其承担责任的依据，只要行为者所实施的行为与损害结果间存在一种因果关系，就可判定其承担损害赔偿责任。

如同国内法的发展一样，国际法并不绝对禁止产生跨界损害，国家之间边境发展都可能对邻国产生某种程度上的不利影响。各国在本国境内进行各种合法活动时会相互影响，只要没有达到"重大"程度，就被认为是可以容忍的。亦即，国际上对那些只造成间接或轻微损害或影响的活动通常是可以容忍的。作为一种行为规范，国际法应在何种程度上禁止跨界损害，这就涉及了损害标准的确立。此外，环境破坏所造成的损害影响往往又有一个逐渐累积的过程，所以，就此来看，从环境保护角度考虑，当损害影响可估量时，就应当受到法律的限制。也就是说，并不是所有的跨界损害都一概而论，都必须承担损害赔偿责任。正如国际法委员会所认为的："……限制这些条款之范围的最有效的方法是规定这些活动须产生跨界实际后果，并产生严重损害。"

环境事故之"跨界影响"指的是由于环境事故导致在另一国家管辖范围内或在事故发生地国家管辖或控制范围以外地区造成的严重影响。而所谓"影响"则指由环境事故所造成的直接或间接、即刻或滞后的不利影响。"跨界损害"指国家管辖或控制下的活动造成国家管辖或控制范围以外地区的环境损害，具有行为的有形后果所造成的损害的重大性以及其后果是物质的、数量的或是有形的等特征。①可见，环境事故跨界影响与跨界损害具有完全不同的特征。此外，

---

① 林灿铃. 国际法上的跨界损害之国家责任 [M]. 北京：华文出版社，2000.

环境事故是环境相关的生产活动过程中发生的事故而非行为者所实施的行为。所以，环境事故所导致的跨界影响也不是国家管辖或控制下的活动所造成的跨界损害。因此，环境事故跨界影响也无法适用"跨界损害责任制度"。当然，环境事故跨界影响就更不适用在外层空间探索活动与核能利用上所采取的绝对责任。

4. 中国法律责任的认定

关于"环境污染"的定义，较为权威的是 OECD（经济与合作发展组织）在 1974 年一份建议书中所提出的，并已为各成员国所广泛接受的规定，"人们利用的物质或者能量直接或间接地进入环境，导致对自然的有害影响，以至于危及人类健康、危害生命资源和生态系统，以及损害或者妨害舒适性和环境的其他合法用途的现象"。另外，当某类物质因利用而妨害了环境的其他用途包括美学的价值时，也可以被认为是污染或是有害的。中国在《海洋环境保护法》和《水污染防治法》中对于"海洋环境污染损害"与"水污染"，也做出了较相类似的规定，据此可以认为，中国环境污染防治法在立法上已经参鉴并认同了有关环境污染的概念。

尽管中国的环境立法引进了与"环境损害"十分接近的"环境污染"这一概念，并对环境污染行为科以了相应的法律责任，但这些规定并不能被理解为中国已经建立起了有关环境损害的赔偿制度。因为考察这些定义在整个环境法律部门中的具体位置，都是处于某个单行的《环境污染防治法》中。这意味着此类定义的出现主要是从环境保护的角度出发来设置的一项环境防治目标，而不是基于环境损害赔偿制度建立起来的环境恢复目标。毕竟，各污染防治法都没有规定环境污染者的治理责任，也没有规定污染者需要承担与环境破坏程度相当的补偿责任。

不同于国外的环境立法，明确提出环境损害行为的民事赔偿责任，中国的环境法律体系主要是对环境损害行为科以行政性质的责任。体现在中国设立了排污申报登记制度、排污许可证制度、排污收费制度、限期治理制度、污染事故报告与处理制度以及现场检查制度等。这些制度体系共同构成了中国法律体系中，针对环境有害行为的直接规定。

5. 俄罗斯法律责任认定

俄罗斯在自然，环境，资源的保护方面不断加大立法力度，先后制定并颁布了一系列新的环境资源立法文件。其中于 2002 年生效的《俄罗斯联邦环境保护法》

是俄罗斯在环境资源保护方面的最新立法成果。它体现了俄罗斯在环境资源保护与管理方面的新理念、新指导思想以及新的价值取向，并规定了环境资源保护方面的基本原则、基本制度，总体反映出俄罗斯环境资源管理的发展趋势。该法律文件共分为十六章，近一百个条文。这部法律的特色和亮点在于，它通过条文的明确规定，赋予了每个公民都享有良好环境的权利。并将国外环境立法中有关"保障生态安全""生物多样性"以及"满足当代人与未来世代代之需要"等最新的环境立法理念，吸入到了俄罗斯环境保护的基本政策中。此外，这部环境保护方面的基本法律在总则部分的第一条，将与环境保护有关的重要概念都进行了明确定义，共达三十六项之多，并且内容新颖，范围广泛，涉及"自然环境要素""自然人文客体""自然生态系统""自然景观""工艺技术标准""良好环境""生态安全"等，众多涵盖在环境法学与生态环境学科中的新型定义。同时，俄罗斯环境立法也引入了有关环境损害的赔偿制度，用以区分普通环境侵权行为中，仅针对财产与人身损害的普通赔偿责任。该项赔偿制度的产生，成为俄罗斯环境保护法与中国环保法之间，在基础原则与基本制度层面上的重大区别。

此外，《俄罗斯联邦环境保护法》第七十八条把诉讼时效规定为 20 年，远远超过了中国 1989 年《环境保护法》设定的 3 年期限。也就是说，按照俄罗斯的法律，针对松花江跨界环境污染事件，在未来的 20 年之内，俄罗斯联邦的国家权力机关与受到影响的地方国家权力机关，以及受到损害的相应企业和自然人，随时都可以向法院提起损害赔偿之诉，并且还拥有实体上的胜诉权利。

环境污染行为除了会对环境本身造成损害以外，还可能会对处于该环境中的人身、财产造成伤害，并产生侵权行为法上的损害赔偿责任。这一类民事责任的产生与规责，需要按照民法中的侵权行为法予以解决。《俄罗斯联邦民法典》第 1064 条规定："造成公民人身或财产损害及法人财产损害的，应当由致害人赔偿全部损失。"此外，俄罗斯联邦的《环境保护法》第七十九条第一款也规定："因法人和自然人的经济活动，或其他活动造成的不良环境影响，给公民健康和财产带来损害的，应当全部赔偿。"可见，在俄罗斯立法中，有关环境污染行为所导致的"侵权损害赔偿责任"，与环境污染行为所导致的"环境损害赔偿责任"相同，采取的都是全部赔偿原则。通过对比可以发现，关于环境污染行为的法律规定，俄罗斯与中国的最大区别在于：俄罗斯法中，环境污染行为除了会产生因损害人身、财产的普通侵权责任外，还将可能发生，因环境遭受污染而导致的环境损害赔偿责任。这两种不同的损害赔偿责任并存，共同构成了该国完整的环境法律责任体系。俄罗斯的法律可以对某个特定的环境污染行为，并行科以侵权责任以及相应的环境损害责任。换言之，若俄罗斯法成了判定中方企业跨界侵权的法律责任依据，则中方企业有可能会同时承担侵权责任与环境损害责任。

6. 中国环境外交领域实践

（1）及时向俄罗斯和有关国际组织通报情况

事故发生后，中国政府高度重视，从维护松花江、黑龙江两岸中俄两国人民生活、生产用水安全的角度出发，一方面采取紧急措施对相关污染事件实施严密的中俄联合科学监测；另一方面派出由相关部门组成的联合工作组赶赴莫斯科向俄方通报情况。

在俄罗斯代表团到黑龙江省考察松花江污染应对处理的情况时，俄罗斯代表团高度评价中国开展的监测工作和采取的相关应急措施，对中国在此次污染事故处理中对俄所采取的公开、友好、负责的原则，给予了充分肯定和评价。这次事件被认为是处理大国关系中将坏事变成好事的成功范例，今后中俄两国环境保护部门还将继续对相关水体情况联合进行连续监测，同时以此事件为契机，拟建立中俄两国政府环保合作分委会，以推动两国在环保领域的合作。

松花江苯污染事件发生后，在征求中国环境与发展国际合作委员会秘书处意见后，环境执政能力课题组召集国内外环境政策专家就该事件所涉及的环境执政能力问题展开了研讨。中国环境与发展国际合作委员会 (CCICED) 是一个高层次的非政府咨询机构，其宗旨是进一步加强中国与国际社会在环境与发展领域的合作与交流。在这次研讨活动中，CCICED 邀请了六位包括美国、日本、荷兰的国际环境学方面专家共同探讨了在综合国际经验的基础上，如何有效预防和应对环境问题及环境风险，并就此提出了七点建议，如要求企业要向中央和地方政府报告其正在使用的有毒化学物质以及向环境中排放的数量，要对向环境排放化学物质的行为负责，包括承担补救措施的全部支出以及对公众和环境的赔偿责任，进一步加强中国环境机构能力建设，确保环境法律得到切实执行，国际上的一些经验做法，如要求公司制定紧急事件预案、编制环境安全报告和实施应急培训。这些责任要明确地落实到公司高级管理层。为保证这一要求得到落实，还应建立起相应的审核制度等七项具有现实意义的措施。

这些建议对于避免此类污染事件的发生，以及中国环境的发展是具有很好的借鉴意义的。综上所述，中国政府在处理此次事件中采取的合作透明的做法是成功的，赢得了当事国以及国际社会的谅解与支持，有利于将污染的损失降到最低。

（2）主动向俄罗斯提供防污设备

在 2005 年 12 月 16 日，中国再次无偿向俄方提供 2 台气相色谱仪和 1000 吨活性炭，希望能够对俄方净化水质起到很好的作用。俄罗斯哈巴罗夫斯克边疆区政府副主席波切列温 2005 年 12 月 26 日表示，中国的援助对俄罗斯有效应对松花江污染发挥了重要作用。①

此外，应俄罗斯哈巴罗夫斯克边疆区政府的请求，为保障俄罗斯哈巴罗夫斯克市自来水系统取水口免受污染，应俄方请求在抚远水道黑龙江一侧修筑围堰以免污染水进入乌苏里江流域。中方主动承担了建造围堰的施工和全部费用。中国的积极态度，得到了俄地方政府和民众的普遍肯定。

（3）主动承担责任，商讨赔偿事宜

国家的环境主权与不损害国外环境作为国际环境法的一项规则，被 1972 年《人类环境宣言》、1992 年《里约环境与发展宣言》和所有重大的环境条约广泛确认，已经成为国际环境法的一项基本原则。

根据以上原则，中国方面如对俄罗斯产生实质性的污染损害，是应当负法律责任的。作为负责任的大国，时任中国外交部长已经代表中国政府对此次重大环境污染事件给下游的俄罗斯人民可能带来的损害表示歉意。②

在松花江污染事件中，确实对俄罗斯哈巴罗夫斯边疆区造成了污染，所以中国政府在对其进行援助的同时，并不排斥俄方提出的赔偿要求，并与其积极谈判。由于涉及跨国污染，中国和俄罗斯方面已经对索赔一事进行了沟通，索赔事件涉及两国利益，已经非常敏感，唯一能够透露的是，索赔过程将非常漫长。一位与俄罗斯交涉的中方谈判人员透露，双方谈判关注的焦点将围绕着硝基苯浓度所造成的影响展开。虽然松花江污染的主要污染物硝基苯的浓度在流经中国境内时，

---

①岳连国. 俄官员高度评价俄中合作 [N]. 人民日报，2005-12-26.

②本报记者. 李肇星约见俄大使拉佐夫 [N] 人民日报，2005-11-27.

就已经符合了饮用水的标准,但是中国环境水体的硝基苯标准比俄罗斯高十多倍,存在着标准之争。谈判过程将非常漫长,有一点可以肯定,中国政府丝毫没有推卸责任的意图,这在处理类似跨国污染的问题上是有借鉴意义的。

在国际社会中,跨国污染经常引起国际纷争。例如,美国五大湖地区的工业区污染造成的酸雨对美加两国边境地区的森林和野生生物构成的严重破坏以及西欧酸雨对北欧的危害等问题都成为有关国家外交事务中的一个难解之题。早在20世纪30年代美国、加拿大就因酸雨侵蚀案对簿公堂。因此,在全球环境日益恶化以及跨国污染频频发生的时代,中国政府处理这次事件的实践是成功的,开创了先例,堪称典范。

参考文献

[1]（法）亚历山大·基斯著；张若思编译.国际环境法 [M].北京：法律出版社，2000.

[2] 蔡守秋.环境与资源保护法学 [M].长沙：湖南大学出版社，2011.

[3] 蔡永民.环境与资源保护法学 [M].北京：人民法院出版社，2004.

[4] 韩健，陈立虎著.国际环境法 [M].武汉：武汉大学出版社，1992.

[5] 侯芳，刘乾坤.国际环境法前沿问题研究 [M].长春：吉林大学出版社，2016.

[6] 胡德胜.环境与资源保护法学（第 2 版）[M].西安：西安交通大学出版社，2017.

[7] 黄锡生，曾文革.国际环境法新论 [M].重庆：重庆大学出版社，2005.

[8] 黄锡生，史玉成.环境与资源保护法学 [M].重庆：重庆大学出版社，2015.

[9] 金瑞林.环境与资源保护法学 [M].北京：高等教育出版社，1999.

[10] 林灿铃，吴汶燕.国际环境法 [M].北京：科学出版社，2018.

[11] 林灿铃.国际环境法 [M].北京：人民出版社，2004.

[12] 刘惠荣.国际环境法 [M].北京：中国法制出版社，2006.

[13] 马骧聪.国际环境法导论 [M].北京：社会科学文献出版社.1994.

[14] 戚道孟.高等教育法学教材国际环境法 [M].北京：中国方正出版社，2004.

[15] 任亮，南振兴.生态环境与资源保护研究 [M].北京：中国经济出版社，2017.

[16] 孙法柏.国际环境法基本理论专题研究 [M].北京：对外经济贸易大学出版社，2013.

[17] 王曦 . 国际环境法 [M]. 北京 : 法律出版社 .1998.

[18] 张炳淳，王继恒 . 国际环境资源法 [M]. 北京 : 对外经济贸易大学出版社，2013.

[19] 冯汝 .《民法典》绿色条款的体系化解读——以公民环境义务为分析视角 [J]. 华中科技大学学报 (社会科学版)，2021，35(04):118–130.

[20] 孟庆垒 . 环境责任论 [D]. 青岛 : 中国海洋大学，2008.

[21] 张百灵 . 正外部性理论与我国环境法新发展 [D]. 武汉 : 武汉大学，2011.

[22] 张庆彩 . 当代中国环境法治的演进及趋势研究 [D]. 南京 : 南京大学，2010.

[23] 韩飞 . 环境污染治理中第三方法律责任立法问题研究 [D]. 上海 : 上海师范大学，2017.

[24] 王灿发，陈世寅 . 中国环境法法典化的证成与构想 [J]. 中国人民大学学报，2019，33(02):2–14.

[25] 何江 . 为什么环境法需要法典化——基于法律复杂化理论的证成 [J]. 法制与社会发展，2019，25(05):54–72.

[26] 夏凌 . 环境法的法典化 [D]. 上海 : 华东政法大学，2007.

[27] 李佳芮 . 我国环境法法典化的路径选择 [D]. 哈尔滨 : 东北林业大学，2021.

[28] 孟庆垒 . 环境责任论——兼对环境法若干基本理论问题的反思 [D]. 青岛 : 中国海洋大学 , 2008.

[29] 黄喆 , 李当杰 . 我国环境资源保护法律制度发展简析 [J]. 南方论刊 ,2016 No.302 11 68–70+124.

[30] 孙贺阳 . 跨国界水体保护法律制度的思考 [D]. 兰州 : 甘肃政法学院 ,2015.

[31] 刘锐 . 可持续发展视角下的地方环境资源保护法制建设研究——以黑龙江省大庆市为例 [J]. 黑龙江省政法管理干部学院学报 , 2014 No.107 02 126–128.

[32] 郝少英 . 跨国水体和谐开发法律问题研究 [D]. 西安 : 长安大学 ,2012.

[33] 卜晓飞 . 中国企业在松花江跨界污染事件中对俄方的法律责任分析 [D]. 北京 : 中国政法大学 ,2009.